中国制造业创新追赶：
源自产业阶梯结构与所有制结构的机会

Technology Ladder, Market Ladder, State Ownership and Catching-up in Chinese Manufacturing Industries

陈晓玲◎著

中国财经出版传媒集团

经济科学出版社

Economic Science Press

图书在版编目（CIP）数据

中国制造业创新追赶：源自产业阶梯结构与所有制
结构的机会／陈晓玲著.—北京：经济科学出版社，
2021.6

ISBN 978 – 7 – 5218 – 2639 – 5

Ⅰ.①中…　Ⅱ.①陈…　Ⅲ.①制造工业 – 工业发展 –
研究 – 中国　Ⅳ.①F426.4

中国版本图书馆 CIP 数据核字（2021）第 122835 号

责任编辑：杜　鹏　常家凤
责任校对：徐　昕
责任印制：邱　天

中国制造业创新追赶：源自产业阶梯结构与所有制结构的机会

陈晓玲　著

经济科学出版社出版、发行　新华书店经销
社址：北京市海淀区阜成路甲 28 号　邮编：100142
编辑部电话：010 – 88191441　发行部电话：010 – 88191522
网址：www. esp. com. cn
电子邮箱：esp_bj@ 163. com
天猫网店：经济科学出版社旗舰店
网址：http：//jjkxcbs. tmall. com
固安华明印业有限公司印装
710×1000　16 开　10 印张　180000 字
2021 年 6 月第 1 版　2021 年 6 月第 1 次印刷
ISBN 978 – 7 – 5218 – 2639 – 5　定价：59.00 元
（图书出现印装问题，本社负责调换。电话：010 – 88191510）
（版权所有　侵权必究　打击盗版　举报热线：010 – 88191661
QQ：2242791300　营销中心电话：010 – 88191537
电子邮箱：dbts@esp. com. cn）

前　言

　　产业创新追赶一直是发展中国家非常关注的问题。为解释不同产业在追赶绩效上表现出来的巨大差异，已有研究主要从产业的技术学习与追赶情境两个方面寻找原因。不同于发达国家，发展中国家的企业技术学习过程表现出大量技术解构活动和多主体协作的特征。鉴于以往技术追赶研究对后发企业技术学习机制中这些特征缺乏深入的分析，本书提出基于技术解构和重构视角的技术学习分析框架。此外，以往对追赶情境因素的关注主要聚焦在技术体制、外国直接投资技术扩散、市场规模和政策制度等方面，对大型新兴经济体追赶情境中产业结构方面的特殊性关注不够。因此，本书从产业阶梯结构（技术梯度、市场梯度）和所有制结构等方面来刻画产业情境，进而探讨并检验它们与技术学习的交互作用对产业追赶绩效的影响机制，填补以往研究中的空缺。

　　具体而言，本书包含了四个子研究。

　　子研究 1 采用一个跨度 30 年的纵向案例研究，揭示中国后发企业典型的技术学习机制，提出基于技术解构和重构视角的技术学习分析框架。此外，针对技术解构和技术重构的测量，分别开发了适用于企业层研究的问卷数据搜集及测量方法，以及适用于产业层研究的二手数据搜集及测量方法，为后续统计实证研究奠定基础。

　　子研究 2 和子研究 3 从产业阶梯结构出发，提出技术梯度和市场梯度两个在技术追赶中起重要作用的情境变量，并讨论了它们与技术解构和重构的交互作用在技术追赶中的作用。采用中国制造业 26 个行业 2001～2007 年的面板数据统计检验发现：（1）技术解构并不能促使本土企业以更快的速度提升技术水平；而技术重构有利于本土企业以更快的速度提升技术水平，却不能缩小本土企业与外资企业之间的差距。（2）技术梯度或市场梯度越连续的产业，产业内本土企业越能以更快的速度提升技术水平，但未必能表现出更快地与外资企业技术差距的缩小。（3）技术梯度或市场梯度越连续，产业内企业的技术解构越不能使本土企业以更快的速度提升技术水平，也不能使本土企业与外资企业之间的技术差距缩小。（4）技术梯度或市场梯度越连续，研发机构的技术解构越能使本土企业以更快的速度提升技术水平，但越不利于缩小本土企业与外资企业技术差距。（5）市场梯度越连续，技术重构越能使本土企业以更快的速度提升技术水平，且越能缩小本土企业与外资企业之间的技术差距。

子研究4着重讨论"所有制结构"这一制度情境因素，以及它与技术解构和重构的交互作用在技术追赶中的影响。实证结果表明：（1）所有制结构中国有资产比重的高低对本土企业技术提升速度的影响并不显著，但产业国有资产比重高有利于缩小本土企业与对外企之间的技术差距。（2）在国有资产比重高的产业里，技术解构并不会显著影响本土企业技术水平的提升速度，但是却能缩小本土企业与对外企之间的技术差距。（3）关于技术重构，在国有资产比重高的产业里，本土企业自身能从技术重构活动中获得更快的技术提升速度；但本土企业与对外企之间的技术差距却会扩大。

最后，本书总结了研究发现对政策制定者和管理者的启示。本书有以下三点贡献：（1）针对追赶情境的特殊性提出的基于技术解构和重构视角的技术学习分析框架，对吸收能力观点在追赶情境下的应用进行了很好的补充。（2）提出并检验了技术梯度和市场梯度这两个分别反映产业技术结构与市场结构的重要构念，拓宽了技术追赶影响因素研究的视角。（3）证实了技术梯度、市场梯度和所有制结构等情境因素与技术学习的交互作用对追赶绩效的影响，未来研究需要关注技术学习与情境因素的交互作用在追赶中的影响。

感谢浙江工业大学、国家自然科学基金委员会（国家自然科学基金青年科学基金项目71702168）对本书出版的资助。

陈晓玲

2021 年 5 月

目　　录

第1章 绪 论

1.1 研究背景

1.1.1 现实背景

全球各个国家和地区之间在生产率与生活水平等方面的巨大差距，使得追赶成为一个长期颇受关注的话题。在全球经济发展的"长跑"中，国家和地区之间的差距有加剧的趋势。但仍然可以看到，许多原本较落后的国家，抓住发展机会，通过一定时期的努力，成功缩小了自己与领先国家的水平，实现了追赶。

从历史发展的视角来看，世界舞台上核心角色的更替与变化，是一部不断追赶与被追赶的历史。工业革命的爆发，使英国迅速成为世界经济和技术的领导者。但在 19 世纪后半叶，美国依靠大规模生产、分销和研究开发等方面的创新，德国依靠新的生产组织模式（尤其是研发工作），加速了对英国的追赶，并最终取代了英国的领先地位（法格博格、莫利、纳尔逊等，2008）。20 世纪上半叶，日本开始了对西方发达国家的追赶，通过大量的组织创新（如及时制生产等），在许多领域也达到了世界领先水平。20 世纪后半期，韩国、新加坡和中国台湾等被称为亚洲"四小龙"的多个国家和地区也在许多领域展现出让人惊讶的追赶速度。

20 世纪最后 20 年，伴随着信息革命的爆发，水平化、模块化分工变得普遍，技术、资本、人力等资源在全球进行配置。与此同时，中国实行经济改革与开放，通过不断努力，抓住新时代背景下的机遇，很快成为"世界工厂"。中国的生产率水平与发达国家的差距急剧缩小，经济和技术水平得到了迅猛提高。作为中国经济增长的新动力，技术追赶与创新受到了包括产业界、政府政策制定者以及国内外学术研究者的广泛关注。中国参与全球竞争的企业基本上都属于后发企业，与技术先进的跨国公司相比技术水平普遍不高，对核心技术掌握相对不够，可利用的创新资源有限，却不得不在先发企业已经确立的产业主导技术范式和核心技术演进的轨道上去争夺市场（朱瑞博、刘志阳、刘芸，2011）。与此同时，基于低劳动力成本这一比较优势的追赶模式已经越来越不符合现实，而基于自主创新的技术追赶已经成为实现经济追赶的必由之路。

尽管许多产业在技术追赶的过程中都付出了大量的努力，但其追赶的成绩却表现出巨大的差异。从以往各产业的追赶经验来看，有的行业已经实现了技术能力的追赶，中国的本土企业已经可以在国际舞台上参与竞争，如通信设备行业。经过20多年的发展，华为和中兴已经成为全球通信设备行业的领先者，无论是从交换机到数据传输或者移动通信，还是从全球移动通信系统（global system for mobile communications，GSM）到3G业务、长期演进技术（long term evolution，LTE）和移动软交换，华为和中兴的技术都已处于该领域的前沿水平（张永伟，2011）。而有的行业经历了市场追赶的成功后，却遭遇技术能力的瓶颈，以致发展后劲不足。彩电行业就是一个"由盛转衰"的例子。中国市场经济改革的早期，市场需求的闸门被打开，本土彩电企业忙于扩大生产，仅靠调动规模化的生产就能获得丰厚的利润。但由于企业潜心研发不够，导致技术能力的积累有限。随着国内家电行业内企业不断开展"价格战"以及国际企业进入中国市场，中国彩电企业终于暴露出其技术能力不足的弱点，被迫不断地让出市场份额（徐明天，2005）。而像大飞机这样的复杂产品系统产业，还远未实现追赶（路风，2006）。

"如何解释不同产业在技术追赶成绩上表现出的巨大差异"，或者"产业技术追赶发生的前提条件是什么"，是本书试图回答的核心问题。产业技术学习显然是造成这种差异的关键内在因素，但我们仍能看到许多付出了大量技术努力的产业以追赶失败告终。这意味着，除了产业自身的技术学习与努力外，产业的追赶情境（如在技术、市场和制度上的情境特征）也不容忽视，特定的情境因素有可能成为制约技术追赶实现的瓶颈。本书从内部技术学习和外部追赶情境两方面因素的角度出发，对技术追赶发生的前提条件进行探索与回答，有助于为科学地确定新时期国家产业政策的调整方向和实施重点提供经验证据。这对促进中国制造业的发展甚至中国经济的发展都有重要的现实意义。

1.1.2　理论背景

经济发展是经济学中颇受关注的话题。新古典增长理论认为，对物质资本和人力资源进行投资是经济发展的关键，而高投资和恰当运作的市场体系会自然而然地带来发展中国家对发达国家的技术和相关实践的掌握。但该理论缺乏对追赶中具体过程的讨论，直到阿布拉莫维茨（Abramovitz，1986）发表《追赶、前进与落后》这一有影响力的文章，才使得"追赶"成为发展经济学里的重要词汇之一（Mazzoleni & Nelson，2007）。此后，一系列详细探究追赶的具体过程的研究开始出现（江诗松、龚丽敏、魏江，2011a；彭新敏、郑素丽、吴晓波、吴东，2017；Choi，1994；Figueiredo & Piana，2021；Gao，2019；Guennif & Ramani，2012；Hobday，1995；Kim，1997，1999；Kim & Nelson，2000；Kumaraswamy，Mudambi，Saranga & Tripathy，2012；Lee & Lim，2001；Mathews，1997；Mu & Lee，2005；Xie & Wu，2003）。

已有研究在解释发展中国家经济发展的经验时，普遍认为低成本是其竞争优势最为主要的来源。这在很大程度上与发展中国家往往从劳动密集型产业切入、并依赖这些产业实现经济发展的现实情形密不可分。但低成本策略仅仅能解释其取得的市场绩效，而不能解释其技术能力上的追赶绩效。以中国的纺织这一传统行业为例，其竞争优势不仅来自低成本的劳动力，更依赖于不断的技术升级（Sigurdson，2004）。阿姆斯丹（Amsden，2001）通过对半个多世纪的非西方经济体的追赶经验分析后指出，如果单纯遵循比较优势战略只会使落后的国家更加落后，而后天形成的技术能力对于经济发展的必要性正变得越来越高。因为技术和知识具有很强的独占性与排他性，并不能像自由市场论所假定的那样可以自由扩散，而且这种特性在全球生产网络中呈不均质状态分布（朱瑞博、刘志阳、刘芸，2011）。发展中国家要获得这种技术知识，就必须参与到使用这些技术的生产环节中去，从"干中学"来获得这些知识。

技术学习与技术能力的积累是追赶的关键和本质。李昆和林柴松（Lee & Lim，2001）将后发企业的追赶分为技术能力追赶和市场占有率追赶两种。两者紧密相关，互相促进，但技术能力的追赶对最终实现产业追赶起着根本的作用。因为尽管通过技术引进和低成本优势能换来短暂的市场占有率，但如果不能持续提高技术能力，后发企业仍将难以获取长期的竞争优势。已有研究指出，虽然新兴跨国公司通过并购能快速实现产能的追赶，但其在知识基深度和广度上与老牌跨国公司相比所体现出来的创新能力差距会成为下一步追赶的障碍（Awate，Larsen & Mudambi，2012）。

对于发展中国家而言，其技术学习与能力构建过程有着与西方发达国家截然不同的特征。尽管吸收能力的观点对于解释追赶中国家的技术学习和能力构建有重要贡献（Cohen & Levinthal，1990），但后发企业与传统西方发达国家企业在创新行为上的巨大差异，使得发展中国家技术追赶经验中出现了许多与传统吸收能力观点不一致的现象。吸收能力的观点强调企业的吸收能力受限于企业前期积累的能力，因此，当企业从外部吸收技术和知识时，必须选择与自身能力相匹配的知识来源。但是，从后发企业的追赶经验来看，即便当前自身的吸收能力相对于该外部知识而言不足，本土企业仍然可以通过一定的策略来完成对外部先进技术的消化与吸收。作为发展中国家，大量技术先进的跨国公司的存在，为本土企业提供了许多潜在的技术来源。在这种背景下，对跨国公司先进技术的消化吸收成为本土企业技术学习的重要方面。本土企业相当多的创新活动并不是基于吸收能力观点所强调的研究开发（以下简称R&D）活动，而是来自技术模仿、反向工程和渐进改进等工程化活动（Xie，Wu & Chu，2009）。企业通过分解已有技术，掌握该技术的架构，从而理解其中技术模块的功能甚至原理。此外，寻求企业之外的主体（如研发机构、客户或供应商）的帮助，也是促进本土企业有效吸收和利用外部的知识的重要途径。这些策略性的做法，使得本土企业可以降低技术获取的成本、资源需求以及时间耗费，或者是通过对外部资源的利用来降低吸收外部技术所需要的能力门槛。

尽管已有研究对追赶的模式和策略有许多讨论与总结，但对具体的技术学习和能力构建机制的讨论非常有限，尤其是对发展中国家背景下技术能力构建过程的独特性缺乏关注。因此，打开技术学习的黑箱，关注技术消化吸收过程中出现的技术分解和多主体协作的特征，对于探索发展中国家技术学习的机制以及其在追赶中的作用至关重要。

已有研究对造成不同产业追赶绩效差异的原因给予了较多关注，除了技术学习这一关键的内部因素外，产业在技术、市场和制度等方面的情境因素也被认为会对追赶的实现产生重要影响。但是，一方面，以往研究对像中国这样的大型新兴经济体中的情境特殊性关注不够。另一方面，以往研究往往只关注情境因素对追赶的直接影响，而忽视了情境与技术学习的交互作用对追赶的影响。事实上，即便是情境类似、资源和机会条件相当的两个产业，如果它们通过技术学习对机会进行利用的程度不同，仍会导致出现不同的追赶绩效。

具体而言，以往研究对技术情境的关注主要聚焦于技术体制因素，如技术轨迹、知识特征等（Castellacci，2007；Jung & Lee，2010；Lee & Lim，2001；Park & Lee，2006）；而对市场情境的关注则主要聚焦于市场规模和市场分割等特征（Liu，2010；Mu & Lee，2005；Mazzoleni & Nelson，2007）。它们均忽视了产业整体上的技术和市场的结构性特征，如技术或市场的层次性（或梯度）。产业在技术或者市场上的层次性结构（或梯度），对于追赶中的发展中国家而言有着重要的意义。如前所述，后发企业的技术学习过程表现出大量的技术分解、多主体协作的特征。对于某一特定产业而言，产业内不同技术水平主体的大量存在及连续分布，有利于技术分解活动的成功实现。而产业内多层次市场的存在，能给本土企业带来更多的技术重组与创新商业化的机会，进而有助于实现产业追赶。鉴于以往研究对产业技术和市场的结构性特征的忽视，本书将探讨其在技术追赶中的作用，以填补此空白。

关于影响产业追赶的制度情境因素，以往研究往往从国家政策或者产业政策的角度来讨论。这类研究往往采用案例研究方法，对特定产业的政策制定及其影响进行经验总结，其结论很难被实证检验，结论的普适性有待进一步探讨。因此，采用可量化的方法来实证检验政府政策等制度因素在追赶中的作用是该领域的一个重要突破方向。对于中国这样的转型经济而言，国有企业与私有企业的共存，使得所有制结构成为产业技术追赶的重要制度情境。反映不同产权性质的企业间比例关系的产业所有制结构，在一定程度上能体现出政府对该产业的政策性资源倾斜程度和产业内资源配置特征。因此，以产业所有制结构为突破口，实证检验制度因素对追赶绩效的影响，具有非常重要的意义。

总的来说，现有追赶主题的研究绝大多数为案例研究，从不同角度去提炼和总结特定产业实现追赶成功或失败背后的市场、技术和制度的影响因素。少量的实证研究也主要采用专利数据，这使得研究对象往往只能限定在部分行业，而且这些实证研究往往对追赶绩效和创新绩效不予区分。但本土企业自身技术水平的提升并不一定意味着其与跨国公司的技术差距的缩小。相反，如果跨国公司的技术水平以更快的速度提升，可能会进一步挤压本土企业的市场空间，从而削弱本土企业技术升级的支撑（陈爱贞、刘志彪、吴福象，2008）。而本书将对追赶绩效进行更精细的划分，并采用制造业企业的统计数据，开展关于产业技术追赶绩效影响因素和机制的研究。

综上所述，结合技术学习和追赶情境两大方面因素，从行业层面来探究产业追赶绩效差异背后的根源是一个理论空白。本书对产业技术学习的具体机制进行探究，并从技术梯度、市场梯度和所有制结构的角度刻画追赶情境，并对这两者及其交互作用对产业追赶绩效的作用进行实证，这对于技术追赶研究有重要的理论价值。

1.2 研究问题

基于以上现实背景和理论背景，本书围绕"如何解释不同产业在技术追赶成绩上表现出的巨大差异"这一基本问题展开研究。具体而言，从技术学习与追赶情境两个方面以及其交互作用来回答产业追赶绩效差异的原因。

首先，发展中国家技术学习过程的具体机制是什么？鉴于发展中国家技术学习过程中表现出的技术分解、多主体协作的特征，本书首先提出基于技术解构和重构的技术学习框架，并采用案例研究的方式讨论其具体机制，进而提出相应的测量方式，为后续的实证奠定基础。

其次，产业情境特征与技术学习如何共同影响产业追赶绩效？本书分别对三个方面的产业追赶情境进行刻画（技术梯度、市场梯度和所有制结构），进而就它们与技术学习的交互作用对产业追赶绩效的影响进行探讨和检验。

1.3 研究设计

1.3.1 研究方法

为了回答上一小节中提出的四个研究问题，我们分别开展了以下四个子研究。

子研究1采用一个跨度30年的纵向案例研究，揭示中国后发企业典型的技术学习机制，提出了一个基于技术解构和重构视角的技术学习分析框架。

基于此案例研究，进一步提出了技术解构和技术重构的量化措施，即分别开发适用于企业层研究的问卷数据搜集及测量的方法，以及适用于产业层研究的二手数据搜集及测量的方法。子研究2和子研究3从技术情境和市场情境着手，分别提出了一个在技术追赶中起重要作用的反映产业技术和市场结构的变量"技术梯度"和"市场梯度"，并讨论了它们与技术解构和重构的交互作用在技术追赶中的作用。子研究4着重讨论"所有制结构"这一制度情境因素，以及它与技术解构和重构的交互作用在技术追赶中的影响。

本书采用中国制造业26个行业2001～2007年的面板数据对以上子研究中的假设进行实证检验。相对于单独的横截面数据或时间序列数据，面板数据（也即截面时序数据）具有控制不可预测的个体效应和时间效应的影响、增加观测样本量、削弱多重共线性的影响和降低估计误差等优点。

1.3.2　技术路线

本书的技术路线如图1.1所示。首先，对技术追赶的现实背景和理论背景进行分析，提出研究问题。其次，对已有研究进行文献综述，包括对该领

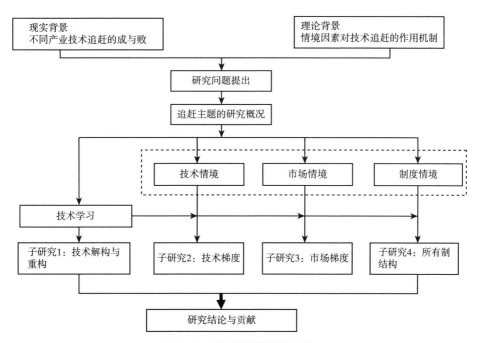

图1.1　研究开展的技术路线

域文献整体趋势的分析以及对技术情境、市场情境和制度情境三类情境的分块综述。再次，开展子研究 1，使用纵向案例研究方法提出一个基于技术解构和重构视角的技术学习分析框架，并设计具体的量化措施；在子研究 1 的基础上设计三个实证研究（子研究 2、子研究 3 和子研究 4），分别检验技术梯度、市场梯度和所有制结构这三类情境因素，以及它们与技术解构和重构的交互作用对追赶绩效的影响。最后，对研究发现进行综合讨论，总结其对吸收能力观点、发展中国家产业技术追赶理论的贡献，以及对政策制定者和管理者的启示。

1.4　内容安排

本书共有七个章节。具体内容安排如下。

第 1 章为绪论。介绍本书研究的现实和理论背景、研究问题、研究设计、内容安排和主要创新点。

第 2 章为文献综述。分别对创新追赶的研究概况、追赶情境、技术学习和追赶绩效四个方面进行综述，最后进行小结。

第 3 章为子研究 1：基于技术解构和重构视角的技术学习过程。基于一个纵向案例研究提出了一个基于技术解构和重构视角的技术学习分析框架，并开发了技术解构和重构的测量方法。

第 4 章为子研究 2：技术梯度与追赶。提出了"技术梯度"这一技术情境因素，讨论并检验了技术梯度以及其与技术解构和重构的交互作用对追赶绩效的影响。

第 5 章为子研究 3：市场梯度与追赶。提出了"市场梯度"这一市场情境因素，讨论并检验了市场梯度以及其与技术解构和重构的交互作用对追赶绩效的影响。

第 6 章为子研究 4：所有制结构与追赶。讨论并检验了"所有制结构"这一制度情境因素以及其与技术解构和重构的交互作用对追赶绩效的影响。

第 7 章为结论和展望。对本书研究的结论进行综合讨论，并总结了这些研究对吸收能力观点、发展中国家产业技术追赶理论的贡献，以及对政策制定者和管理者的启示。

1.5　主要创新点

第一，本书针对发展中国家技术学习活动中的特殊性，提出了基于技术解构和重构视角的技术学习分析框架，并基于该分析框架给出了具有可操作性的测度方法。该分析框架对吸收能力观点在追赶情境下的应用进行了很好的补充。尽管吸收能力观点对于解释追赶中国家的技术学习和能力构建有重要贡献（Cohen & Levinthal，1990），但后发企业与传统西方发达国家企业在创新行为上的巨大差异，使得发展中国家技术追赶经验中出现了许多与吸收能力传统观点不一致的现象。吸收能力观点强调企业的吸收能力受限于企业前期积累的能力，也即企业能否有效吸收外部的技术和知识，取决于企业在此之前是否已经掌握了必要的相关技术和知识。因此，企业从外部吸收技术和知识时，必须选择与自身能力相匹配的知识来源。但是，从后发企业的追赶经验来看，企业在吸收外部先进知识时，即便当前自身的吸收能力相对于该外部知识而言不足，企业仍然可以通过一定的策略来有效地吸收和利用外部的知识。例如，进行大量的技术解构活动（主要基于工程化活动，而非R&D 活动）；寻求企业之外的主体（如研发机构、客户或供应商）的帮助。鉴于追赶背景下技术学习过程中技术分解和多主体协作的特征，本书提出的基于技术解构和重构视角的技术学习分析框架，填补了以往研究中对发展中国家技术学习过程机制及其特殊性关注不够的空白。

第二，本书提出了一个在技术追赶中起重要作用的技术情境变量"技术梯度"，并实证检验了技术梯度以及其与技术解构和重构的交互作用对追赶绩效的影响。以往研究对技术情境的关注主要聚焦于技术体制因素（Castellacci，2007；Jung & Lee，2010；Lee & Lim，2001；Park & Lee，2006），忽视了产业内技术的结构特征，如技术的层次性结构。在这种背景下，本书提出了技术梯度的概念。技术梯度是指一个行业里企业技术水平从低端到高端连续、均匀分布的程度。各个产业在技术梯度上表现出来的差异，会影响到产业内企业可利用的技术资源和机会条件以及利用这些技术资源的难度和成本，从而对产业的技术追赶产生影响。此外，一个产业的追赶绩效是该产业的技术学习与外部资源情况两者交互作用的结果。产业内技术梯度的情况，通过影响外部可供消化和整合的技术资源对产业的技术解构和重构的绩效效应产生作用。

第三，本书提出了一个在技术追赶中起重要作用的市场情境变量"市场梯度"，并实证检验了市场梯度以及其与技术解构和重构的交互作用对追赶绩效的影响。已有研究主要从市场规模和市场分割特性的角度来分析市场情境对于追赶的重要性（Liu，2010；Mu & Lee，2005；Mazzoleni & Nelson，2007）。尽管经典的"结构—行为—绩效"分析范式强调了市场结构对产业绩效的重要性，但产业经济学对市场结构的关注主要是指市场规模、市场集中度和产品差异化等因素（刘小玄，2003）。本书提出市场梯度的概念，丰富了产业追赶文献中对市场情境的刻画方式。市场梯度是指一个行业里企业所面临的从低端到高端的各个细分市场连续、均匀分布的程度。由于中国国土面积巨大，且各区域之间经济发展水平不平衡，使得许多产业在低端市场和高端市场之间存在着较为连续分布的市场需求。一个产业的市场梯度情况，会影响到该行业的进入壁垒、该行业里企业的市场竞争策略和创新策略，因而对该产业的技术追赶有着不容忽视的影响。产业追赶绩效不仅受到市场梯度和技术学习的影响，更受到两者交互作用的影响。

第四，关于制度情境因素，本书讨论了所有制结构与技术解构和重构的交互作用在技术追赶中的影响。在经历几十年经济转型后，中国已形成一个国有企业、民营企业和外资企业共存的格局。所有制结构主要通过影响资源的丰裕程度和资源的配置效率对产业技术追赶产生影响。与以往研究从国家政策或者产业政策的角度进行研究（往往结论很难被检验）不同，本书将所有制结构作为一种产业制度情境，检验了所有制结构以及其与技术解构和重构的交互对产业技术追赶的影响。

第 2 章　文献综述

首先，本章对 1998 年以来追赶主题的中、英文文献进行梳理，总结该领域研究趋势。其次，从技术、市场和制度三个方面梳理与中国追赶情境有关研究的关注点。再次，对现有的关于发展中国家技术学习的文献从追赶模式和能力构建的角度进行总结，对追赶绩效进行了综述。最后，进行小结并指出已有研究的不足和值得研究之处。

2.1　创新追赶的研究概况

首先，本小节基于美国科学情报研究所的 Web of Science 数据库中的社会科学子库（SSCI），对 1998 年以来追赶主题的英文文献进行了梳理，从文献分布情况、研究主题和研究方法方面总结已有研究进展。其次，以《管理世界》这一管理领域的权威中文期刊为例，对"追赶"主题的中文代表性研究进行总结。最后，对中文和英文文献的情况进行对比分析。

2.1.1　文献筛选

尽管解释各个国家或地区的经济追赶（为什么有的能追赶上，有的不能追赶上）的相关文献很多，但由于其实际具体讨论的焦点非常广泛，使得相应的学术研究论文在各学科和刊物上的分布非常分散。创新类的研究一直都存在这样的问题。这个领域因为缺乏像战略管理领域那样明确的研究共同体，使得识别创新领域的主要贡献者非常困难（Fagerberg, Fosaas & Sapprasert, 2012）。所以，尽管讨论技术追赶的文献较多，文献论述的焦点集中于追赶，特别是在概念上和理论上研究追赶的却又并不多见（法格博格、莫利、纳尔逊等，2008）。

美国科学情报研究所的科学引文索引数据库 Web of Science 数据库收录了一万多种世界权威的、高影响力的学术期刊，内容涵盖自然科学、工程技术、生物医学、社会科学、艺术与人文等领域。对该数据库 SSCI 子库进行主题检索，主题中包含"追赶"："latecomer"或"catchup"（含"catchingup"等格式变化），且包含"创新"："innovation"，学科类别限定为管理或商业，文献类型限定为研究论文或综述。截至 2021 年 5 月 14 日，检索得到文献 427 篇。

2.1.2 文献分布

该领域的论文数量呈明显的增长趋势，见图 2.1。发表相关论文的研究机构中，来自中国的最多，如清华大学、浙江大学和中国科学院，具体见表 2.1。开展追赶研究较多的学者多来自发展中国家，例如，李昆（Lee & Keun）主要研究韩国的技术追赶；拉姆·穆丹比（Mudambi Ram）针对印度和非洲等国开展追赶研究；胡玫志（Hu, Mei-Chih）开展了多个关于东亚不同国家和地区的对比研究；保罗·菲格雷多（Figueiredo Paulo N.）针对巴西、高旭东等针对中国均开展了大量技术追赶研究，详细情况见表 2.2。追赶主题的论文主要发表于 *Research Policy*、*Technological Forecasting and Social Change*、*Asian Journal of Technology Innovation*、*Technology Analysis Strategic Management*、*International Journal of Technology Management* 等期刊，详细情况见表 2.3。本领域的研究最多来自中国，其次美国和英国的学者也开展了大量研究，见表 2.4。

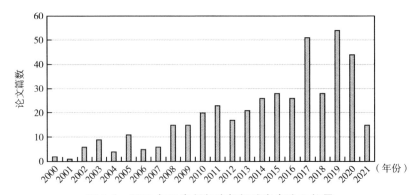

图 2.1　2000 年以来创新追赶领域发表论文数量

资料来源：Web of Science 数据库 SSCI 子库检索结果。

表 2.1   创新追赶领域主要研究机构

机构名称	机构英文名称	论文篇数
清华大学	Tsinghua University	26
浙江大学	Zhejiang University	21
首尔国立大学	Seoul National University	18
中国科学院	Chinese Academy of Sciences	15
宾夕法尼亚州联邦高等教育系统	Pennsylvania Commonwealth System of Higher Education	15
坦普尔大学	Temple University	15
伦敦大学	University of London	12
台湾清华大学	National Tsing Hua University	11
韩国科学技术院	Korea Advanced Institute of Science Technology	10
中国科学院大学	University of Chinese Academy of Sciences	10

注：Web of Science 数据库 SSCI 子库检索结果，篇数少于 10 的机构未报告。

表 2.2   创新追赶领域主要研究者

作者	论文篇数
李昆（Lee Keun）	15
拉姆·穆丹比（Mudambi Ram）	15
胡玫志（Hu Mei-Chih）	10
保罗·菲格雷多（Figueiredo Paulo N.）	9
高旭东（Gao Xudong）	7
陈劲（Chen Jin）	6
马修斯·约翰（Mathews John A.）	6
刘卸林（Liu Xielin）	5
刘洋（Liu Yang）	5
马勒巴·弗兰克（Malerba Franco）	5

注：Web of Science 数据库 SSCI 子库检索结果，篇数少于 5 的学者未报告。

表 2.3   创新追赶领域热门期刊

英文期刊名称	期刊译名	论文篇数
Research Policy	研究政策	54
Technological Forecasting and Social Change	技术预测与社会变革	43
Asian Journal of Technology Innovation	亚洲技术创新杂志	33

续表

英文期刊名称	期刊译名	论文篇数
Technology Analysis Strategic Management	技术分析与战略管理	25
International Journal of Technology Management	国际技术创新杂志	24
Industrial and Corporate Change	产业与企业变革	19
Industry and Innovation	产业与创新	15
Technovation	技术创新	14
Science and Public Policy	科学与公共政策	12
Global Strategy Journal	全球战略杂志	9
Journal of International Business Studies	国际商务研究杂志	9
Journal of Technology Transfer	技术转移杂志	9

注：Web of Science 数据库 SSCI 子库检索结果，篇数少于 9 的期刊未报告。

表2.4　　　　　　　创新追赶领域主要研究国家（地区）

国家或地区	论文篇数
中国大陆	113
美国	87
英国	71
韩国	64
中国台湾	28
意大利	27
澳大利亚	24
荷兰	20
德国	19
巴西	18

注：Web of Science 数据库 SSCI 子库检索结果，报告前 10 位国家或地区。

2.1.3　研究主题与研究方法

按照乔丹、雷纳和马歇尔（Jourdan, Rainer & Marshall, 2008）提出的结合研究策略分类和研究内容分类的文献分析方法，我们对 118 篇创新追赶文献进行了分析。表2.3 对追赶类研究中的一些典型研究按照研究对象、研究主题和研究方法进行了归纳和汇总。

　　从时间维度上看，可以发现近年来追赶类研究的研究对象有着从聚焦于小型经济体到开始关注像中国这样的大型新兴经济体转变的趋势。这与中国、印度等金砖五国在国际社会中影响力的不断提升有着密不可分的关系。

　　关于研究方法，总的来讲，该领域的研究方法较为单一，主要为案例研究，只有少量基于田野调查数据和专利数据的实证研究（Jung & Lee，2010；Hu，2012；Park & Lee，2006；Kumaraswamy，Mudambi，Saranga & Tripathy，2012）。该领域还未出现采用计算机仿真、博弈等研究方法的文章。此外，由于追赶这一主题的综合性和跨学科特征，也没有文献综述出现。

　　现有研究中的大部分均是通过对特定地区、特定产业的典型案例（成功追赶或失败）进行剖析，进而从制度因素、市场因素或技术因素等方面着手，总结其背后的影响因素。但也有一些研究的角度非常不同。例如，有研究开始关注一些对某些产业的追赶起到巨大推动作用的政策，会对其他产业产生不利的影响。例如，安克尔度盖（Anchordoguy，2000）通过对日本软件产业20世纪60年代以来将近40年的发展历程进行总结，指出政策的产业政策、财阀式（keiretsu）产业集团、高度集中的以银行为中心的金融体系、缺乏执行的反垄断法、弱的知识产权保护体系，以培养有纪律的忠诚员工为目标的教育和雇佣体系等使得日本在钢铁、机床、半导体和计算机硬件上获得巨大成功的因素，却成了阻碍计算机软件产业发展的根源。因为那些聚焦于通过规模经济和制造技术来获得竞争优势的追赶策略在其他类型的产业里并不合适，如计算机软件产业。在软件产业里，国外先发企业通常控制着主导设计，技术并不能被合法地开展反向工程，学习并不能用传统的抄袭方式来进行，技术变化非常快而且常常发展不连续，而高效率的、高质量的制造和生产经济对于竞争力的构建并不是最关键的（Anchordoguy，2000）。

　　对于那些在一定程度上已实现了追赶的新兴经济体，已经开始逐步关注从追赶到领先的过渡问题。在新兴经济体从追赶到领先的过渡阶段，后发者面临着这样的创新困境：在国际化阶段中是否应该通过将自己定位于研发和品牌领导者去与西方领先企业竞争，还是应该继续采用那些已经被证明的能见效的依靠低成本竞争力的方式参与到国际市场中？霍巴特、拉什和贝桑（Hobday，Rush & Bessant，2004）通过对韩国的多个来自不同产业的企业进行案例研究发现，大多数的出口商或财阀是通过提供一个产品组合进行国际化。其中一些产品是技术非常先进的，需要大量的研发和品牌建设投入；另一些产品在技术上则不那么先进，可以依靠低成本的策略去竞争。基于此，他们提出，新兴经济体的企业在转型时期，其创新策略不应该针对整个企业整体来提出，而应该针对产品类型或产品家族因地制宜地制定创新策略。

表 2.5 　　　　　　　　　　追赶类研究中的代表性英文文献

研究层次	代表性研究	国家或地区	行业	研究主题	研究方法
企业层	Figueiredo（2021）	巴西	采矿	机会窗口、技术学习策略与技术升级强度	案例
	Wei, Sun & Wang（2020）	中国	未限定	制度引领型市场、技术不连续性对追赶的影响	统计实证
	Gao（2019）	中国	未限定	国有企业走向技术创新前沿的三种策略：组织良好的技术转移、从事新兴技术、重新发明成熟技术；内部研发能力的重要性	案例
	Li, Capone & Malerba（2019）	中国	移动通信	分割市场、技术变革对追赶的影响	仿真
	Saranga, Schotter & Mudambi（2018）	中国、印度	汽车	本土企业的追赶策略，发达国家跨国企业的本地与国际策略，以及两者共演	案例
	Luo & Child（2015）	新兴市场国家	未限定	企业增长的复合基础观与新兴市场企业追赶	理论开发
	Wang, Chen & Wang（2014）	中国	未限定	研发新颖性与开放性对后发企业绩效的影响	统计实证
	Xiao, Tylecote & Liu（2013）	中国	纺织、炼钢和消费电子	企业治理、财务限制，知识产权制度、关税制度等对技术战略选择（依赖 vs 模仿）的影响	案例
	Awate, Larsen & Mudambi（2012）	印度	风力涡轮机产业	新兴跨国公司通过并购实现产能的追赶，但创新能力还有差距	案例
	Kumaraswamy, Mudambi, Saranga & Tripathy（2012）	印度	汽车组件行业	市场自由化后不同时期，不同追赶策略对绩效的影响	企业数据实证
	Eom & Lee（2010）	韩国	未限定	企业与大学、研究所合作的影响因素及其对创新可能性和创新绩效的影响	创新调查数据实证
	Jung & Lee（2010）	韩国	未限定	技术知识特征、市场结构对技术追赶的影响	实证

研究层次	代表性研究	国家或地区	行业	研究主题	研究方法
企业层	Teixeira & Fortuna（2010）	葡萄牙	国际贸易	国际贸易、人力资本和研发投入对追赶绩效的影响	实证
	Chu（2009）	中国台湾	未限定	从原始设备制造到原始设计制造，再到原始品牌制造的追赶路径	论述
	Mu & Lee（2005）	中国	电信产业	知识扩散与市场分割对技术追赶的影响	案例
	Hobday, Rush & Bessant（2004）	韩国	多个产业的企业	从追赶到领先的过渡阶段，后发者转型的特征、流程、战略以及所面临的困难	案例
	Xie & Wu（2003）	中国	彩色电视机	市场竞争、市场规模、政策和企业家精神对技术追赶的影响	案例
产业层	Parente, Melo & Andrews（2020）	巴西	大豆种子	公共部门组织和公共私有合作网络对新兴经济体农业技术追赶的作用	案例
	Lee & Malerba（2017）	先发国家与追赶国家	手机、相机、半导体、钢铁、中型飞机、酒	来自知识和技术变化、需求变化、制度与公共政策变化的追赶机会窗口，企业与产业系统其他方面的响应会改变领先与追赶格局	案例
	Chen（2009）	中国台湾	机床行业	非正式的本地和国际联结对追赶的作用	案例
	Park & Lee（2006）	韩国、中国台湾	未限定	采用专利数据实证检验技术体制对技术追赶的影响	专利数据实证
	Lee & Lim（2001）	韩国	多个产业	技术体制对技术追赶的影响，以及三种技术追赶路径	案例
	Anchordoguy（2000）	日本	软件	产业政策、财阀式产业集团、高度集中的以银行为中心的金融体系、反垄断法执行缺乏、弱知识产权保护体系，以培养有纪律的忠诚员工为目标的教育和雇佣体系对日本软件业发展的负面影响	案例

续表

研究层次	代表性研究	国家或地区	行业	研究主题	研究方法
国家层	Hu，Kang & Wu（2017）	先发国家与追赶国家	未限定	技术适合与支持性社会能力对创新利润（国际技术贸易）的影响	统计实证
	Guennif & Rama-ni（2012）	印度和巴西	未限定	国家政策变革作为一种机会窗口对追赶的影响	案例
	Hu（2012）	日本、韩国、中国台湾	TFT-LCD（TFT液晶显示器）行业	技术创新能力对市场绩效影响	专利数据实证
	Wu & Mathews（2012）	中国、韩国	太阳能光伏行业	发达国家知识流入和国内知识流动对发展中国家知识积累（专利）的作用	案例
	Mazzoleni & Nel-son（2007）	发展中国家	未限定	大学和公共研发体系在实体技术和社会技术追赶中扮演的角色	论述

2.1.4 中文文献的研究情况

本书以《管理世界》这一管理领域的权威中文期刊为例，对"追赶"主题的代表性研究进行总结。该主题的研究大多为企业层研究，采用案例研究或者理论归纳的方法。关于研究主题，早期研究文献主要关注后发企业的学习方式，后来逐渐出现从市场需求、开放式创新、架构创新、制度环境、研发网络、商业模式创新等多种视角探讨技术创新的具体机制。

表 2.6　　　　　　　　　　追赶类研究中的代表性中文文献

代表性研究	研究对象	研究主题
彭新敏、刘电光（2021）	海天	提出一个在技术追赶动态情境下市场认知演化的阶段式过程理论模型，明确了市场认知演化的前因、机制和结果
吴晓波、张馨月、沈华杰（2021）	台积电、三星、芯恩集成电路、长光精密仪器	从技术（旧范式与新范式）、市场（全球化与逆全球化）情境和企业所采用的不同商业模式创新（原创与二次），总结提出了八种后发半导体企业的突破路径

续表

代表性研究	研究对象	研究主题
江鸿、吕铁（2019）	高铁	政府能力与企业能力经历替代、互补、分化的共演化过程，促成完备、先进的系统集成能力结构，从而实现技术追赶
吴晓波、付亚男、吴东、雷李楠（2019）	安防企业	技术、需求与制度机会窗口与企业创新战略的匹配关系对后发企业追赶绩效的作用机制
应瑛、刘洋、魏江（2018）	海康威视	后发企业探索式与利用式创新网络战略对国内和国际市场价值独占的作用机理
彭新敏、郑素丽、吴晓波、吴东（2017）	海天	双元学习对后发企业从追赶到创新前沿转型的作用机制
姚明明、吴晓波、石涌江、戎珂、雷李楠（2014）	6 家企业	商业模式设计及其与技术创新战略的匹配对后发企业技术追赶的作用机制
吴先明、苏志文（2014）	7 家企业	建了以跨国并购为杠杆的后发企业技术追赶模型
刘洋、魏江、江诗松（2013）	4 家企业	构建基于地理边界、组织边界、知识边界的研发网络，实现创新追赶的过程与机制
朱瑞博、刘志阳、刘芸（2011）	比亚迪、联发科、华为、振华重工	从生态位优化视角讨论基于中国低劳动力成本优势、利用必要的互补资产、根据技术成熟度和产品性能优化、采用差异化的架构创新策略以实现追赶
江诗松、龚丽敏、魏江（2011b）	上汽、吉利	提出所有权因素在后发企业创新能力追赶过程中的角色及其影响机制
江诗松、龚丽敏、魏江（2011a）	吉利	提出了转型经济制度环境和后发企业能力追赶的共演过程模型，解释了转型经济背景下后发企业管理复杂的制度环境，并实现技术和市场能力的追赶的过程
彭新敏、吴晓波、吴东（2011）	海天	二次创新动态过程中的企业网络特征与组织学习平衡模式的演化
田志龙、李春荣、蒋倩、王浩等（2010）	汽车企业（吉利、奇瑞、华晨、比亚迪和哈飞）	构建了一个关于后发者的经营战略的"后入者进入方式—资源弱势克服方式—后发优势实现途径"的三要素理论框架
毛蕴诗、姜岳新、莫伟杰（2009）	东菱凯琴与佳士科技	制度环境和企业适应性学习的能力对 OEM 企业升级战略选择的影响
王珺、岳芳敏（2009）	南海西樵纺织产业集群	技术服务组织从以新产品交易为主向以技术服务为主的转变机制，以及技术服务组织与集群企业技术创新能力形成的影响

续表

代表性研究	研究对象	研究主题
吴晓波、马如飞、毛茜敏（2009）	杭氧	分析了企业二次创新从基于第一类技术引进（成套、成熟技术）向基于第二类技术引进（非成套、新兴技术）升级过程中的学习模式动态演化规律，并对技术范式转变期的非线性学习模式（过渡型学习、创造型学习）与线性学习模式（维持型学习、发展型学习）的辩证演化规律进行了探索
于开乐、王铁民（2008）	南汽	基于并购的开放式创新对自主创新能力提升的作用
陈爱贞、刘志彪、吴福象（2008）	纺织缝制装备制造业	下游需求部门动态地引进国外技术和设备，造成对上游本土装备制造部门的市场空间的挤压和替代，因而制约其技术追赶
陶锋、李诗田（2008）	东莞电子信息制造业	中国本土代工企业融入全球价值链，利用代工客户的产品开发知识溢出，通过"引进消化吸收再创新"进行技术创新
汪建成、毛蕴诗、邱楠（2008）	格兰仕	总结"技术引进—消化吸收—自主开发"的自主创新路径以及原始设备制造、原始设计制造、原始品牌制造并存的国际化路径，分析构建技术能力与企业升级的成功因素及存在的问题
毕克新、王晓红、葛晶（2007）	小企业	技术标准通过提供知识存量和反应功能需求两种途径，对小企业出口贸易和技术创新活动的影响
巫强、刘志彪（2007）	出口企业	从进口国产品质量管制角度来，分析出口国企业创新和被动产业升级的内在机制
谢伟（2006）	轿车制造企业	总结了本土和合资企业在学习行为和创新策略方面的五项关键差异，即能力类型、结盟对象、上游厂商特征、学习特征和竞争策略上的差异
谢伟（2006）	激光视盘播放机产业	将创新划分为系统创新、核心创新和外围创新三类，并总结了本土企业的创新特征
宋泓、柴瑜、张泰（2004）	汽车	政府支持、政府的强有力鞭策和要求以及当地企业与跨国公司之间互动学习关系对追赶的重要性
慕玲、路风（2003）	激光视盘播放机产业	分析了基于本土市场需求特点的产品创新以及企业在技术学习和能力发展上的努力对技术追赶的作用，以及政府技术政策和工业政策对突破高额专利费制约的关键作用

2.1.5　中英文文献对比分析

大多数关于追赶主题的研究，无论是英文文献还是中文文献，都是以特定成功或失败的产业或者代表该产业技术水平的领先企业作为研究对象，通过对其追赶历程进行案例分析，力图为其他发展中国家、产业或者企业提供经验借鉴。不同的是，中文文献基本上都聚焦分析本土的产业或企业的实践，即便是跨产业的对比研究也相对较少。而国际期刊上的文献出现了大量的跨国家或者区域和跨行业的对比研究，这种对比研究更有助于提高研究的外部效度，提高研究结论的概化程度。例如，李昆和林柴松（2001）以韩国码分多址（code division multiple access，CDMA）移动电话、动态随机存储器（dynamic random access memory，D-RAM）、汽车、消费电子、个人电脑和机床六大产业的技术追赶实践为例分析了技术体制差异是导致追赶绩效差异的重要原因。马勒巴和纳尔逊（Malerba & Nelson，2011）用产业创新系统框架对印度、巴西、中国等多个追赶中国家的制药、汽车、软件等六个行业进行分析，总结了影响追赶的共同因素，如国内企业的学习和能力构建、获得外部知识、教育和人力资源以及积极的政府政策等。

在追赶类的研究中，中文文献的研究方法主要采用定性研究，多是案例研究，田野调查和专利数据的实证研究较少。英文期刊论文的研究方法呈现出多元化的趋势。一些研究采用专利数据或劳动生产率等指标来衡量创新能力差距，以此来对影响追赶的关键要素进行检验。例如，采用韩国和中国台湾地区的美国专利数据，帕克和李昆（Park & Lee，2006）就技术体制对于技术追赶的影响进行了实证研究，得出追赶更可能发生在技术生命周期短、更多初期知识存量的行业，而在这类行业中追赶的速度取决于独占性和知识可得性。荣格和李昆（Jung & Lee，2010）则实证检验了韩国对日本的全要素生产率追赶的影响因素，发现追赶更易发生在那些技术更隐性、内嵌于进口设备的行业和具有垄断市场结构的行业。

2.2　追赶情境

在 20 世纪的最后 20 年，信息技术革命使世界变成了平的。随着计算机产业的发展及 IT 技术向其他行业渗透，水平化、模块化分工变得普遍。全球范围内分布式系统合作得到实现，各产业的制造、组装等各个环节也可剥离出来在全球进行外包；与此相适应，资本、人力等资源也在全球进行配置（曾鸣、威廉姆斯，2008）。在这种背景下，无论是国家还是企业，都比原来更容易在全球范围内配置资源，从而实现竞争优势。但与此同时，由于生产地和市场源都趋于同一，再加上资源的有限性，发展中国家企业凭借劳动力等资源禀赋的比较优势来缩小与领先企业的差距的策略变得越来越不可行，而后天技术能力的积累对于经济发展的重要性进一步显现。

同一时期，中国于 1978 年开始了改革开放。中国在自身经济发展的初级阶段，就迅速、全面地融入全球经济，表现出很大的开放度。大量的外资企业涌入，带来激烈竞争的同时，也带来了巨大的学习机会。但中国的经济成长与 20 世纪中后期日本、韩国的经济追赶环境有非常大的不同。例如，国际层面，更开放的全球经济环境作为背景；国内层面，更大的国土、人口规模、多层次的市场和转型经济体制等。具体而言，像中国这样的大型新兴经济体，其追赶情境的独特性可以从市场情境、技术情境和制度情境三个方面来看。

在市场情境方面，一方面，中国巨大的国土面积和人口规模意味着其国内市场容量远远超过日本、韩国等国的规模，这使得本土企业即使不依赖出口，也较为容易地实现规模经济；另一方面，国土规模导致的地域社会文化差异和经济发展水平差异，使得中国的市场具有高度的多样性和层次性。此外，中国文化的独特性，也使得中国的本土市场表现出与国际市场的不同特征。相对跨国公司而言，本土企业因为其对本土市场特征更深的理解而表现出一定的优势（尤其是产品本土化），这一定程度上弥补了其在技术和管理等方面落后的劣势。另外，作为发展中国家，在早期阶段由于高端市场的容量小，使得领先市场相对不发达和挑剔用户规模有限。这进一步强化了国内企业对从低端突破、进而进入中高端市场的"农村包围城市"的追赶策略的采纳。

在技术情境方面，国际上技术趋于平台化、模块化，极大地降低了后发企业参与的技术壁垒。像中国这样的发展中国家可以从最简单、最小的模块，从附加值最低的环节介入，逐渐累积经验、能力和资源，进而通过一个个模块往上，逐步向技术的更高阶梯延伸（曾鸣、威廉姆斯，2008）。而且，大量跨国公司的涌入，它们的技术和管理实践经验曝光于本土企业的视野，为本土企业提供了大量的学习机会。此外，改革开放前建立的相对完整的工业体系和国防科研系统所积累的技术及培养的科研人员，构成了技术创新中起着重要作用的吸收能力的主要来源，在此后的技术追赶中发挥了巨大的作用。但相对于发达国家企业的技术水平，尤其是民用技术上，本土企业表现出极大的落后。

在制度情境方面，中国企业面临着转型经济这一特殊背景。转型经济指从原先的计划经济力图通过加强市场机制实现转型的经济体（Hoskisson，Eden，Lau & Wright，2000）。转型经济区别于成熟市场经济的一个重要特征是多种所有制形式主体的共存（Li & Xia，2008）。改革开放带来了大量外资企业的涌入，政府对国有企业大刀阔斧的改革，从不合法到异军突起的民营企业涌现等。此外，从国家创新系统和产业创新系统的视角来看，特定的国家政策（如金融政策等）、产业政策（如汽车工业政策）均对追赶有着巨大的影响（Malaba，2002；Nelson，2008）。

下面分别针对三种类型的情境（市场情境、技术情境和制度情境）在技术追赶中的作用进行文献综述。

2.2.1　技术情境

关于技术情境对追赶的作用机制，现有文献主要从技术体制的角度出发探讨技术本身的特征对产业追赶的影响，同时也有许多文献着重分析外国直接投资（以下简称 FDI）这一重要的外部知识源在追赶中的作用。

2.2.1.1　技术体制

已有研究主要从技术体制的视角来分析技术情境对于追赶的重要性。技术体制是指企业问题解决活动所发生的特定知识环境（Winter，1984）。技术体制非常重要，因为它决定了一个产业内与创新行为和技术绩效相关的创新模式（Breschi，Malerba & Orsenigo，2000）。技术体制一般包含这样一些影响创新活动的方面：机会条件、独占性、累积性和知识基（Malerba & Orsenigo，1996；Breschi，Malerba & Orsenigo，2000）。李昆和林柴松（2001）以韩国 CDMA 移动电话、D-RAM、汽车、消费电子、个人电脑和机床六大产业的技术追赶实践为例，提出当一个行业的技术体制表现出高累积性、技术轨迹的高不可预测性时，追赶更难发生，尤其是对于韩国的财阀大企业而言。因为技术轨迹的变动性越高（一般新兴产业的技术轨迹变动性更大），后发企业越难锁定其技术努力的方向。但是，高累积性、技术轨迹的高不可预测性导致的追赶难度可以因外部知识基的获取和政府的作用而减轻。外部知识基的可得性越高，后发企业进行技术创新的潜力越大。帕克和李昆（2006）采用韩国和中国台湾地区的美国专利数据实证得出，追赶更可能发生在技术生命周期短、更多初期知识存量的行业，而追赶的速度取决于技术的独占性和知识可得性。荣格和李昆（2010）实证发现，那些技术更显性、内嵌于进口设备的行业里更容易实现全要素生产率的追赶。知识越显性，可编码化程度就越高，就越容易转化成以公式、图表、数字和文字显示的信息（Grant，1996；Spender，1996），从而越容易实现人、企业和国家之间转移，有利于发展中国家学习。卡斯泰拉奇（Castellacci，2007）用欧洲9个国家产业层的数据实证指出，生产率增长的差异受到独占性条件和技术机会的影响。曾鸣和威廉姆斯（2008）也指出，中国企业更容易在中等技术难度、相对技术比较密集、应用型研发、中等劳动力（主要是熟练技工）密集和中等资金要求的行业中实现追赶。

在讨论新兴经济体追赶经验的研究中，高技术产业受到了更多的关注，这些研究主要强调了技术获取的正式渠道（如与外国技术供应商的契约式合作、国家政策支持下的内部研发）对技术升级的重要作用。这也使得国家技术发展政策着力于这些正式的技术学习途径。但有批评指出，这些适用于高技术产业的追赶经验存在一定的局限，并不一定能推广到其他具有不同特征的产业（Hobday，1995）。在传统产业里，企业的学习方式非常不同，它们的技术能力构建活动很大程度上依赖于手艺、学徒制、干中学、工作惯例、非正式的网络、雇员培训和经验性知识等。陈良智（Chen，2009）对中国台湾机床行业的追赶经验进行分析后指出，在中低技术产业，许多知识的获取可以通过非正式的渠道获取，如通过利用本地的和全球的非正式知识联结而爬上技术的阶梯实现追赶。

此外，技术动态对追赶也非常关键（Liu，2010）。后发企业虽然存在着技术落后、与主流市场脱离的劣势（Hobday，1995），但也因没有早期历史积累的负担而存在着可直接将目标锁定在快速发展的先进技术上的后发优势（Gerschenkron，1962）。鉴于同一技术体系下的各种产品在知识、技能、经验和外部性上具有互相关联的特性，佩雷斯和索特（Perez & Soete，1988）甚至认为，考虑技术体系的生命周期比产品的生命周期要更有意义。最后，一些研究表明，技术范式的转变对于追赶中国家来说是巨大的机会窗口

（Lee & Lim，2001；Lee & Malerba，2016；Mu & Lee，2005；Lee，Lim & Song，2005）。

2.2.1.2 外国直接投资

跨国企业因为其领先的技术水平而被作为一种重要的外部知识源，在追赶类的研究中被讨论得较多。对于发展中国家而言，大量技术先进的跨国公司的存在，也使得本土企业面临的技术情境表现出一些独特性。作为一种重要的外部技术来源，FDI 大大增加了本土企业技术获取的潜力。中国还处于计划经济时代时，也曾经像日本和韩国那样大量引进技术，意图以最快速度缩小与发达国家的技术差距。但也正是由于过度引进技术，高度依赖外部技术，知识学习的开发性不够，导致追赶效果远远不如预期。随着信息革命加速全球化的步伐，中国加快市场经济改革，并于 2001 年正式加入世界贸易组织。开放的中国、巨大国内市场和未能被满足的潜在需求，吸引来国外对中国的巨大的直接投资。大量拥有先进技术的跨国公司的进入，为中国本土企业的技术学习提供了更丰富的知识来源（Zhang，Li，Li & Zhou，2010）。艾特肯和哈里森（Aitken & Harrison，1999）指出，FDI 因其相对本土企业而言具有更先进的技术和更强的管理实践，能带来无形的生产性资产，如技术诀窍、市场和管理技能。而且，相对宽松的知识产权保护体系为本土企业获取并消化从跨国公司溢出的技术提供了机会窗口（Guennif & Ramani，2012）。尽管已有研究关于 FDI 影响本土企业的结论非常不一致，既有正面的也有负面的（Aitken & Harrison，1999；Blomström，1986；Crespo & Fontoura，2007；Feinberg & Majumdar，2001；Ng & Tuan，2005），但是，关于 FDI 对本土企业技术积累的作用机制还是基本上达成了一致。

FDI 除了通过技术转移和许可，还可以通过许多方式影响本土企业的生产力，斯宾塞（Spencer，2008）对此进行了很好的总结：（1）竞争效应。技术和管理均更为先进的跨国公司的进入，加剧了东道主国家市场竞争的程度，本土企业为了生存，主动或被迫提高分配效率、加速技术和专家技能的吸收，以此来提高生产率（Caves，1974；Kokko，1996）。（2）传播和示范效应。投资企业的先进技术和管理实践在东道国的暴露，对本土企业形成一种示范。本土企业通过近距离观察外资企业和技术模仿提高了生产率（Caves，1974；Aitken & Harrison，1999；Liu，2002）。（3）员工流动产生的技术扩散。当外资企业的员工流动到本土企业或离职创业时，带走了他们从外资企业那里学到的技术技能和管理技能（Kokko，1996；Aitken & Harrison，1999；Liu，2002）。（4）产业链上下游之间技术溢出。当本土企业接触其上下游外资企业新的生产和市场技术，或获得其技术支持，如技术诀窍转移和员工培训时（Lim & Fong，1982；Cheung & Lin，2004），外资企业的一些企业特有知识可能溢出给本土企业（Aitken & Harrison，1999；Chen，2009）。研究显示，跨国企业会对它们在东道国的供应商进行技术和管理上的指导，以便使本土供应商的产品性能能够达到这些跨国企业所设定的产品或服务质量标准（Blalock & Gertler，2008；Blomström & Kokko，1998；Spencer，2008）。

2.2.2 市场情境

关于市场规模和市场的分割特征在产业追赶中的作用已有案例研究进行讨论，本小节对此进行综述。

2.2.2.1 市场规模

市场需求是创新的主要动力。企业进行科技研发投入，需要有一定的现有或潜在的市场份额作为支撑。对于发展中国家而言，本土市场的需求更是后发企业积蓄能量的重要场所。像中国、印度、巴西这样国内市场规模很大的发展中国家，其企业表现出具有大量本土市场导向的产品创新的特征（Xie & Wu，2003；Mu & Lee，2005；Guennif & Ramani，2012）。在大多数情况下，本土企业所生产的产品首先是在国内市场销售，而不是销往国外市场（Mu & Lee，2005）。中国的企业在很长一段时间内都主要关注本土市场，很晚才开始进入国际市场，这一点与许多小型新兴经济体的情况不同。对于日本、韩国、新加坡等在一定程度上已成功实现追赶的小型新兴经济体而言，其国内市场规模有限，在其追赶经验中表现出高度依赖于出口市场和出口促进政策的特点。

当本土市场规模足够大时，企业很容易形成规模效益，从而通过低成本带来竞争优势。学习本身是有成本的，需要消耗资源和时间。而巨大的市场规模带来的高产量很好地分摊了学习的成本，这大大地激发了本土企业在技术发展和能力构建上进行投资的积极性（Xie & Wu，2003；Castellacci，2007）。而且，巨大的市场规模增加了企业获取市场回报的可能性和规模，财务资源的积累又进一步促进了企业在技术水平和能力上的投资。对中国本土纺织缝制设备企业进行分析后，陈爱贞、刘志彪、吴福象（2008）指出，上游纺织服装企业为了满足全球价值链中"买方驱动者"的各项标准而采取动态引进国外设备的模式，使得本土纺织缝制设备企业因为长期缺乏足够的市场份额支撑，难以实现"研发投入—技术创新—市场份额上升—研发投入增加"的良性循环。阿尔科塔（Alcorta，2000）对拉丁美洲机床产业的研究也显示，缺乏足够规模的本土市场会对企业技术和能力提升构成巨大的障碍。当市场规模有限时，政府甚至会通过政府采购等政策来扩大市场的规模，以便降低本土企业的学习成本，提高企业技术学习的动力。

2.2.2.2　市场分割

中国地域辽阔，各地基础设施水平存在显著差异，消费者的偏好因文化等因素也表现出巨大的差异（Liu，2010）。中国的市场跨度很大，从最低端到最高端都有，而且各个细分市场还可能具有区域特性。由于总体规模巨大，使得各个细分市场也具有相当的规模。穆清和李昆（Mu & Lee，2005）在研究中国的电信行业的追赶时指出，中国市场结构中的分割特性是该产业实现追赶的一个关键因素。曾鸣和威廉姆斯（2008）提出，如果在一个行业中，中国的市场需求规模占全球市场比例很低，那么中国企业很难在这样的市场中实现追赶。

像中国这样的发展中国家，其低端市场容量非常大。从世界范围内来看，中国的大众消费市场很大部分都可被视为金字塔底端的市场。这个市场对价格很敏感，当产品的性能达到一定水平后，他们关注价格甚过质量和高端性能。这种低端市场的存在，为后发企业的存活以及原始积累提供了可能。企业可以从产业链的低技术环节着手，随着资金的积累和技术水平的提高，不断提升产品的水平，逐步向高端市场发展。而且，这个市场为价格战中存活下来的企业提供了足够的市场规模和规模经济，使得后发企业有条件获得巨大的经济回报。这也为企业提高技术水平积累了资金资源，为下一步进入更高端的市场打下了基础。

此外，这种具有地域特色的市场的存在，增加了产品开发和市场运作的复杂度，提高了跨国企业抢占中国市场的难度。当国外的技术和产品在中国不适用或者只能适应于部分高端市场时，本土企业则可以凭借其掌握的与本土市场相关的知识或分销系统等互补资产而获得竞争优势。本土企业在初始成长阶段，基本上都依赖于本土的低端市场或那些被跨国企业忽视的外围市场，采用针对低端市场的创新或针对利基市场的创新来占领市场份额（Mu & Lee，2005；Mazzoleni & Nelson，2007）。

2.2.3　制度情境

本小节从国家创新系统、产业创新系统和转型经济等理论视角，梳理已有研究中关于制度情境对创新追赶作用的研究。

2.2.3.1　国家创新系统

国家创新系统理论和产业创新系统理论分别从国家和产业两个层次强调了制度因素对技术追赶的影响。国家创新系统理论由弗里曼、纳尔逊、伦德瓦尔等学者创立和发展，探讨技术发展和创新组织的制度嵌入性之间的关系（Freeman，1987；Freeman，1988；Freeman，1992；Lundvall，1992；Lundvall，1993；Lundvall，1998；Lundvall，1999；Lundvall，2003；Nelson，1988；Nelson，1993；等等）。它强调文化和制度的视角，这在主流经济学理论里不太常见。国家创新系统是在一个国家范围内，制度、私营与公共企业、大学、政府机关等为生产、扩散和利用知识而形成的相互交互的系统。这种相互交互可以依靠市场机制形成，也可以靠非市场机制形成。拉尔（Lall，1992）指出，发展中国家或地区的各种要素市场非常不完善甚至缺失，因此，需要政府以适当的方式进行干预。如日本、韩国等的追赶经验中，政府对本土企业的直接或间接的保护以及政策倾斜，对促进其产业发展起到了巨大作用。魏江等学者提出了制度引领型市场这一概念，并指出新兴市场政府不仅通过传统的制度支持手段来影响追赶，而且通过市场驱动机制来实施影响；前者如政府采购、资源提供、立法、行政控制，后者如需求创造、资源分配、市场秩序管理（Wei，Sun，Wang & Pan，2020）。

一个国家对研究与开发和创新活动投入的资源水平是国家创新系统的一个基本面。决定一个国家经济绩效和技术能力的主要因素有国家规模、研发强度和市场结构（Archibugi & Michie，1997；Freeman，1987）。国家创新系统理论对各种机构在国家创新系统中应该承担的角色提出了见解。大学、研究所、技术转移机构、公共和私有的金融机构是国家创新系统中的重要角色，它们之间的联结和交互对于构建创新系统非常重要（Cooke，Uranga & Etxebarria，1997；Lundvall，1993；Parente，Melo & Andrews，2020）。

已有研究讨论了 FDI 政策、进出口关税等国际贸易政策对技术追赶的影响。例如，在各个发展中国家追赶的早期，往往会实行进口关税政策或各种直接或间接的补助为本土企业提供保护，这使得本土企业即使在产品成本较高、性能较低的情形下也可以成功地生产并销售。如果政府采用 FDI 政策进一步对跨国公司进行限制，本土企业就能受到更大程度的保护。在这种情形下，本土企业很容易获得技术许可，因为外资企业要想从受保护的市场上获益，就不得与本土企业进行合作。尽管巨大的母国市场规模、受到关税和 FDI 政策保护的情形使得本土企业更有可能利用领先企业的技术许可；但是，本土企业因此更可能采用依赖型的技术策略，而一旦形成过度的依赖关系则不利于本土企业长远的技术能力发展（Xiao，Tylecote & Liu，2013）。此外，随着全球化和国际贸易自由化的深入，领先国家的企业和政府对关税等保护政策越来越敌对，尤其是当发展中国家采用这种政策支持措施成功培育了可以在国际市场上与西方领先企业直接竞争的强敌后，一些自由贸易相关的国际条约使得这些关于进口保护和补助的策略受到越来越多的阻力。在这种新形势下，发展中国家也需要寻找新的有效的方式。

财务资源是积累技术能力必要的基础。政府有效的金融政策，可以推动创新能力和竞争力的提升。例如，旺皮亚拉特（Wonglimpiyarat，2013）以新加坡和泰国的股权融资（尤其是风险资本融资）对创业支持的实践为例，讨论了金融制度对创业的影响。尽管新加坡和泰国对风险资本融资均采取了政府干预措施，但分析表明，新加坡在追赶过程中有效使用创新的金融政策去发展经济，建立与美国硅谷的强网络连接，而泰国则在提高类似的创新金融方案上表现出很少的网络连接。这为如何通过提供有效的创新金融政策以促进国家经济发展提供了借鉴，尤其是提供了与创业相关的金融政策的参考。

专利保护政策对技术追赶也有重要影响。成功追赶的国家往往都采取了知识产权保护体制，但并未严格限制本土企业有效复制发达国家开发或使用的技术的能力（Mazzoleni & Nelson，2007）。从世界范围内来看，尽管专利法可以追溯到 19 世纪末，但直到 1984 年中国才签署 1883 年制定的《保护工业产权巴黎公约》，开始采纳现代专利法。到 1992 年，中国专利相关法律大体上达到国际标准。直到 2001 年中国加入世界贸易组织，才完全接受《与贸易有关的知识产权协议（TRIPS）》的国际准则。专利保护制度的加强，一方面加大了本土企业从外资企业那里进行模仿性学习的难度；另一方面也鼓励本土企业进行转型升级。因为在知识产权受保护的情境下，为了应对市场的竞争，尤其是同质化的本土企业的竞争，企业更愿意选择创新。

大学和公共研发体系对追赶过程起着重要的支撑作用（Mazzoleni & Nelson，2007；Parente，Melo & Andrews，2020）。马佐莱尼和纳尔逊（Mazzoleni & Nelson，2007）总结了以往成功的追赶实践中大学和公共研发体系所扮演的角色：它成功促进了发展中国家掌握实体技术，即工程师、科学家等掌握的技术诀窍。但是，在全球化新背景下，一个国家应该不仅是应促进实体技术的掌握，还应为相关的社会技术的学习提供支持。社会技术是指那些体现在组织形式、法律、公共政策、好的商业和管理实践准则、风俗和规范等方面的技术知识。教育和技能水平是常见的影响国家经济追赶的因素（Castellacci，2007）。

关于以实现追赶为目标的国家政策在技术追赶中所起到的作用，已开始出现一些负面的观点。例如，安克尔度盖（2000）通过对日本软件产业20世纪60年代以来将近40年的发展历程进行总结，他指出，那些使得日本在钢铁、机床、半导体和计算机硬件上获得巨大成功的因素成了阻碍计算机软件发展的根源。因为以银行为中心的金融体系集中度过高，风险投资市场缺乏活力，教育和雇佣体系过于关注员工的纪律性和忠诚度，知识产权保护体系不完善，这些会阻碍创业企业和小企业的发展并限制创造力。而在计算机软件这样的产业里，创造力、创业和小企业是一个健康的软件产业所必备的。恩斯特（Ernst，1998）指出，政府和大财阀之间的共生关系、对信贷的高度依赖以及不可持续、极端不平衡的产业结构导致的知识基狭窄和极端的专业化将使得韩国的追赶模式不可持续。

2.2.3.2　产业创新系统

产业创新系统理论由马勒巴（Malerba，2002）发展而来。产业创新系统里的"产业"（sectoral）拓展了传统产业经济学里的"产业"（industry）概念，不仅考虑企业这一主体，还考虑更多的非市场的因素（如大学、研究机构、制度），以及这些因素与企业的交互。制度因素，如行业标准、规章制度、劳动力市场等，被认为是产业创新系统里的一个重要因素，对该产业的技术创新有着重要的影响。马勒巴和纳尔逊（2011）用产业创新系统分析多个追赶中国家的6个行业的追赶经验，总结了影响追赶的共同因素，如国内企业的学习和能力构建、获得外部知识、教育和人力资源以及积极的政府政策。

产业政策的变革可以带来实现追赶的机会窗口（Lee & Malerba，2016）。根尼夫和拉马尼（Guennif & Ramani，2010）在采用国家创新系统的框架对印度和巴西制药行业进行了跨度60年的纵向案例分析后，提出在制药这样一个技术范式没有根本性变革的行业里，国家政策的连续变革带来了不同的机会窗口，而企业对政策的感知和应对最终使企业积累了相应的技术能力。但同时，也有一些非政策所预期的结果出现。在相似的起点下，最终印度的制药行业在追赶道路上大大迈进，但巴西的情况却不那么理想。以印度为例：（1）1970年印度放松专利制度，产品专利被取消，只允许申请流程专利。这为民营企业提供了机会窗口，最终它们从中积累了反向工程和开发药品关键成分的能力。（2）1991年印度经济自由化，紧接着于1995年加入世界贸易组织，专利制度与国际接轨。此时，反向工程变得不再可行，本土企业转而开始大力提高内部研发强度，并通过技术引进和战略联盟等方式积极获取技术。（3）与此同时，有远见的印度企业家又抓住了新的机会窗口——非本国内产业政策带来的机会窗口，即美国于1984年通过的《药品价格竞争与专利期补偿法》鼓励发展非品牌药市场，以提高药品的供给、降低医疗费用。印度企业抓住了这一新的机会，生产非品牌药出口到美国和一些发展中国家，并从中掌握了活性药物成分药品的生产能力和某些利基市场的药品开发能力，技术能力得到了进一步提升。

2.2.3.3　转型经济

对于中国的后发企业而言，它们还面临着转型经济这样一种特殊的制度情境。随着市场自由化或私有化的进行，在新兴的转型经济体中，本土企业面临着系统性的环境变化（Kumaraswamy，Mudambi，Saranga & Tripathy，2012）。这种变化产生的影响远比发达市场经济体中特定行业的变化（如特定行业撤销管制）产生的影响来得更广、更深远。例如，它会导致整个制度环境的重塑，将伴随着大量跨国企业的进入和参与。当处于一个高度管制的经济体中时，企业管理自身与政府等机构的关系的政治能力是非常重要的。但是随着市场自由化深入，企业的运营效率和管理能力越来越重要。本土企业在这种情形下不得不调整它们的战略、结构、技术和组织惯例等，采用新的追赶策略。在这种情形下，企业需要新的竞争优势来应对新的竞争环境。

制度因素对企业的影响主要通过资源配置来实现。韩国的成功很大程度上源自国家主导的技术发展战略，政府设计了一系列科技政策促进学习和创新，这些政策工具包括促进战略性产业的研发投入、对政府支持的研究机构的管理、国外技术引进、推出国家战略项目等。中国在经济转型之前，国有企业比重非常高。在计划经济时代，国有企业是一切政府政策制定的核心，当时出现了大量不计成本的技术购买和举国动员式的技术学习行为，这使得在一些重要的尤其是关系国家安全的技术领域积累了很好的基础。例如，"九五"期间，国家支持重大技术装备的国产化，组织了 10 多个行业、近千家企业和大专院校、近万名科技人员参与攻关 12 项国家重大技术装备研制项目，共安排研制课题 53 个，专题 245 个；研制经费总额约为 16.96 亿元，其中，国家拨款 4 亿元（国家发展改革委高技术产业司，2005）。

国有企业因为管理者的代理问题以及任期问题，常导致低效率的结构以及管理能力缺乏，甚至滋生腐败。泰勒科特和蔡景（Tylecote & Cai，2004）指出，中国企业通常面临着两种选择：一是从国外购买大的、高度可见的、整体打包的技术和设备；二是将打包技术分解开，其中一部分技术从国外购买，另外一部分依靠自身在国内实现生产。第二种方式相对便宜而且能增加企业未来的技术能力，但见效慢、结果可见度低（Cai & Tylecote，2008），因而很多国有企业都选择了第一种。

随着经济的转型，大量国家股份被出让，许多国有企业管理者的选定也不再由政府直接指派。国有股权比重高的企业更容易从银行获得财务资源。与此相反，中小企业的融资问题一直是企业发展中的严重瓶颈，中小企业很大程度上不得不依赖自身积累的财务资源。

由于探讨制度因素对技术追赶的影响的实证往往需要涉及更为宏观层面的数据（如国家层），且其测度相对不成熟，这使得目前关于制度因素对于创新追赶的研究基本上都停留在案例研究的层面，仅有少量实证研究从企业层讨论所有制结构对创新绩效的影响（Cai & Tylecote，2008；Choi，Lee & Williams，2011）。

2.3　追赶情境下的技术学习

现有关于技术追赶中技术学习的研究主要是从追赶模式和技术策略的角度进行分析。为实现追赶，获得好的市场绩效，尤其是长期的市场绩效，企业需要构建自身的技术能力。而技术能力的积累，需要企业利用已有情境下的各种资源，通过自身的技术学习来实现。对于不同的国家或同一国家的不同发展阶段而言，其面临的技术、市场和制度情境上的差异，使得企业的技术学习在模式、策略上均表现出不同。

已有研究主要通过案例研究的方法对追赶的模式进行归纳。例如，在分析韩国企业的技术追赶经验时，基姆（Kim，1997）引入并采用全球技术框架、组织机构框架、企业层面上的主动学习和技术转移这四个框架，分析指出了吸收能力、技术需求、技术供给和技术学习的动力等关键要素的重要性，并提出了发展中国家技术追赶的三个阶段——复制性模仿、创造性模仿和创新。李昆和林柴松（2001）以韩国 CDMA 移动电话、D – RAM（动态随机存取存储芯片）、汽车、消费电子、个人电脑和机床六大产业的技术追赶实践为例，将产业的追赶模式分为另辟蹊径式追赶、路径跳跃式追赶和路径跟随式追赶三种，其中，前两种追赶类型被统称为跨越式前进。

具体到企业的技术追赶策略，企业面临着多种技术策略的选择问题。肖彦高、泰勒科特、刘佳佳（Xiao，Tylecote & Liu，2013）提出，在追赶的早期阶段，本土企业面临着依赖策略还是模仿策略的选择问题。依赖策略表现为本土企业往往通过技术许可或合资等方式获得国际领先企业打包转移过来的技术；这种策略使本土企业能够在短时期内形成生产能力，但是长远来看容易形成依赖。而采用模仿策略的企业则通过反向工程、从国内供应商购买等方法来努力掌握各个模块的技术，并尽可能利用自身的设计和工程能力来实现，仅在必要时才采用技术许可。依赖策略在工业化初期取得了很大的成功，但是这种创新策略往往因为对技术原理和参数的理解不全面，导致企业常常重复外国企业既有的技术路线，使得发展路径被锁定，而无法有效规避跨国公司的专利壁垒（朱瑞博、刘志阳、刘芸，2011）。一般表现为，本土企业引进的技术平台在引进时已经比国际领先企业的前沿技术落后至少两代，如果再算上反向工程、仿制等消化与学习的时滞，很多高技术产业的技术水平往往落后三代甚至更多。

模仿策略一般比依赖策略需要耗费更长时间去达到相同的生产能力水平。如果本土企业能受到保护以防受到领先企业的竞争，或者没法获得正式的技术转移，那企业采用模仿策略会更可持续。具体而言，企业对技术策略的选择受到内部因素如企业治理（领导者和雇员的高度组织承诺）、财务资源冗余（限制），以及外部因素如市场规模、知识产权保护政策、进口关税政策、FDI 政策等多方面的影响（Xiao，Tylecote & Liu，2013）。谢伟和吴贵生

（Xie & Wu，2003）将本土彩色电视机企业分为三类：第一类是从国外购买设备起家，通过自身在反向工程上的努力发展而来，如长虹；第二类是从给外资企业代工起家，后来专做国内市场，如康佳；第三类是合资企业起家。他们指出，采用不同的追赶策略，企业积累的能力存在差异。模仿策略更利于动态能力的积累，而依赖策略虽然快速积累了足够的静态能力，但是不利于长远的提升。

为适应市场自由化这一新情境，新兴经济体的后发企业可以通过一定的追赶策略来应对。库马拉斯瓦米等学者（Kumaraswamy，Mudambi，Saranga & Tripathy，2012）提出了后发企业的三阶段策略：第一阶段，依靠技术许可、技术合作和与跨国企业的合资；第二阶段，建立与下游客户企业（尤其是跨国公司）的紧密关系；第三阶段，在国内产业与全球价值链整合的过程中进行知识创造。该研究使用印度1991年实施市场自由化以来的10年的数据，验证了前两个阶段的技术策略对企业绩效的积极影响。储万文（Chu，2009）对中国台湾地区的后发企业从原始设备制造到原始设计制造，再到原始品牌制造的成长路径进行分析，强调了建立自有品牌在技术追赶中的重要作用。因为品牌不仅对直接面向中端消费者的企业很重要，对销售工业品的企业也很重要。有价值的品牌必须靠企业有竞争力的知识资产来支撑。同时，本书还讨论了中国台湾地区企业缺乏自主品牌的现状的一个重要根源——制度因素。通过分析印度对丹麦在风力涡轮机产业上的追赶经验，艾维特、拉森和穆丹碧（Awate，Larsen & Mudambi，2012）指出，新兴跨国公司通过并购能快速实现产能的追赶，但创新能力与发达国家的跨国公司仍存在很大差距，具体表现为知识基的深度和宽度上的差距。而创新能力的积累仅仅靠并购是不够的，还需要企业对研发进行投资（Gao，2019）。

2.4　追赶绩效

现有文献讨论发展中国家的追赶往往涉及两种类型的追赶：一种是市场方面的追赶，如市场占有率追赶或者产出的追赶；另一种为技术方面的追赶，如技术水平、动态创新能力（Lee & Lim，2001；Awate，Larsen & Mudambi，2012）。两者不同，但是紧密相关。总的来讲，技术能力的追赶是最终实现产业追赶最根本的因素。虽然通过技术引进和低成本优势能换来一时的市场占有率，但如果没有持续提高的技术能力作为支撑，后发企业仍将难以获取长期的竞争优势。而最终对西方发达国家的赶超也就是指发展中国家或企业能够在世界技术的前沿上参与到竞争中去（Chu，2009）。大量研究指出，技术能力的提升是产业和企业竞争力的主要决定因素，只有通过提升技术能力、促进企业转型和产业升级，向全球价值链的高端攀升，才能实现赶超（Cohen & levinthal，1990；Kim，1997；Lall，1990；Verspagen，1991；路风、慕玲，2003；朱瑞博、刘志阳、刘芸，2011）。对半个多世纪的非西方经济体的追赶经验分析后，阿姆斯丹（2001）指出，单纯遵循比较优势战略只会使落后的国家更加落后，而后天形成的技术能力对于经济发展的必要性正变得越来越高。

技术能力本质上是指识别、开发和利用技术所需的知识和技能（Vega-Jurado，2008），它是企业有效使用技术知识以支撑价格和质量竞争力的能力（朱瑞博、刘志阳、刘芸，2011）。只有具备一定的技术能力后，企业才能消化吸收、使用、调整和改变已有技术，并在变化的市场环境中创造新技术、开发新产品和新工艺流程（Cohen & Levinthal，1990；Kim，1997）。发展中国家要获得这些技术能力，就必须参与到使用这些技术的生产环节中去，从"干中学"来获得这些知识。因为技术能力没法凭空而来，必须是组织在一轮又一轮的产品开发中逐步积累起来，它是企业为达到创新目的、专注于特定技术资产上的投入而产生的能力（朱瑞博、刘志阳、刘芸，2011）。

由于追赶主题的研究以案例研究为主，在讨论相关案例是否实现追赶时，通常通过市场占有率（尤其是在相对高端的细分市场里）在时间维度上是否有显著提升来判断。也有研究依据相关产业里技术开发能力的层次来评判技术进步与否。例如，根尼夫和拉马尼（2010）将制药行业的能力划分为配方能力、反向工程能力、药品关键成分能力、新药发现能力和整合生物技术能力等，并依据企业是否具备更高层的能力判断印度和巴西的企业是否实现了追赶。

2.5 小结

首先，本章对最近 15 年的追赶主题的文献进行了分析，对该领域的研究趋势进行了总结；其次，分别从追赶情境、技术学习和追赶绩效的角度对该领域的研究进行了综述，此处的文献综述不限于最近 15 年的研究。

　　大多数关于追赶主题的研究都是以特定成功或者失败的产业或者代表产业技术水平的领先企业的发展经历作为研究对象，通过对其追赶经验进行案例分析，试图为其他发展中国家、产业或者企业提供借鉴。而基于这些成功或失败案例的研究，往往会从技术学习和技术、市场和制度情境等方面对成功或失败背后的原因进行总结和归纳。但是这些仅仅基于一个或几个产业的发展经历得出的追赶经验是否具有普适性，往往有待检验。由于关于追赶的研究必然需要涉及一定时间跨度的数据，而获得这种数据的困难性使得该领域的实证研究非常少。专利数据的获取相对容易，但它的弊端是更适合对高技术产业的研究，而对许多传统产业并不适宜。鉴于已有研究的不足，本书采用中国制造业的统计二手数据来对产业追赶绩效差异背后的影响因素进行检验。

　　具体而言，本书将重点从产业技术学习和产业三方面情境（技术、市场和制度）的两个方面着手。鉴于以往研究对发展中国家技术学习中的技术分解和多主体协作的特征缺乏足够的重视，本书提出基于技术解构和重构的分析框架，对追赶背景下的技术学习机制进行刻画和检验。此外，以往研究对于追赶情境的刻画主要从技术体制、FDI 技术扩散、市场规模和政策制度等方面进行，对大型新兴经济体追赶情境特殊性的体现远远不够。本书将对技术梯度、市场梯度和所有制结构这三个方面的产业追赶情境进行刻画，进而对它们与技术学习的交互作用对于产业追赶绩效的影响进行探讨与检验，以填补以往研究中的空缺。

第3章 子研究1：基于技术解构和重构视角的技术学习过程

3.1 引言

对于产业界、政府政策制定者以及国内外学术研究者来说，了解本土企业的技术学习过程和能力构建机制，从而提升本土企业的技术追赶速度一直是一个非常有趣、也颇受关注的问题。技术能力的构建过程可以被理解为一个持续的从消化、吸收、利用到创造技术知识的过程。它既受到企业外部情境的影响，又受到企业自身过去所积累的技能和知识的影响（Lall，1992）。对于发展中国家的企业而言，由于其与西方领先企业之间在技术和创新资源上的差距，其能力构建过程中的技术消化和吸收这一环节的重要性格外突出。在发展中国家的技术追赶中，有相当多的创新活动并不是基于 R&D 活动，而是来自技术模仿、反向工程等工程化活动（Xie，Wu & Chu，2009）。吸收能力的观点指出，如果技术的差距太大，那么后发企业对领先企业的技术吸收活动将存在困难。但许多成功的产业和领军企业的追赶经验（如电信产业的设备制造商华为、中兴等）为我们展现了后发企业成功消除技术差距的负面影响，进而实现了技术的追赶并参与到世界竞争的舞台中去的丰富例子。新兴经济体中的后发企业在技术学习和能力构建的过程中，如何突破因其与西方先进技术企业的技术差距而导致的吸收障碍的制约？这是一个非常值得关注的问题。此外，创新资源短缺的后发企业，在知识的利用和创造过程中，又如何抓住商业机会（尤其是本土市场）去获取资源从而推动企业的持续的技术追赶？这也是值得探究的。

中国的追赶情境为我们探索这两个问题提供了很好的环境。在过去的 30

多年中，中国经济持续地由计划经济体制向市场经济体制改革，经济迅猛发展，技术水平不断提升，尤其在中国制造业的追赶成绩中得到了很好的体现（Gu，2000；Jefferson & Rawski，1995；Jefferson et al.，2003）。大量的制造业企业融入开放的市场经济洪流中，通过持续的技术学习，实现了技术的追赶。本书选择了一个国内领先的空分设备制造商作为研究对象，开展了一个跨度30年的纵向案例研究，以揭示中国后发企业技术学习过程中具体的技术学习机制。

　　基于该案例研究对企业的技术学习过程的解析，我们对产业的技术学习过程也进行了刻画，并提出了具有可操作性的测量方法，为后续的实证研究奠定基础。

3.2　理论背景与构念提出

　　已有许多企业层的研究讨论发展中国家背景下的技术追赶（Bell & Pavitt，1995；Choung et al.，2000；Figueiredo，2003；Kim，1997，1998；Lall，1992；Lee & Lim，2001；Mathews & Cho，1999；Scott-Kemmis & Chitravas，2007）。对于后发企业而言，技术学习的重要性和自主创新能力的构建对技术追赶（Bell，Pavitt，1995；Kim，1998；Lall，1992）和长远的经济发展的重要性早已被意识到（Iammarino，Padilla & von Tunzelmann，2008；Lee & Lim，2001）。尽管现有研究对后发企业的追赶模式和技术策略的经验归纳为发展中国家技术追赶的实现方式的选择提供了参考，但是，一旦具体到企业的技术学习与能力构建的过程，则往往被视为"黑箱"，缺乏足够的关注。不过，吸收能力观点对于解释企业的知识获取、技术学习以及能力构建具有重要的意义（Cohen & Levinthal，1990）。吸收能力观点指出：即便将大量外部知识曝光于企业前，如果企业不具备一定的"吸收能力"来识别这些新的外部知识的价值，消化吸收并加以利用，那么企业并不能从这些外部知识中受益。随着外部知识的重要性不断提高，吸收能力成为企业实现竞争优势的一个重要驱动力。企业的吸收能力取决于它已有的知识存量，这些知识往往嵌入企业的产品、流程和员工。埃斯克里巴诺、福斯福里和特里布（Escribano，Fosfuri & Tribó，2009）采用西班牙企业创新调查的数据证实了那些具有更高吸收能力的企业能更有效率地管理外部知识流入，并收获更高的创新产出。

尽管吸收能力观点对于解释发展中国家技术能力过程有重要贡献，但后发企业与传统西方发达国家企业在创新行为上的巨大差异，使得发展中国家技术追赶经验中出现了许多与吸收能力观点不一致的现象。

首先，尽管科恩和莱文塔尔（Cohen & Levinthal，1990）强调了 R&D 对于吸收能力成长的重要性，在发展中国家的技术追赶中，有相当多的创新活动并不是基于 R&D 活动。相反，大量技术能力的积累都是来自 R&D 之外的技术模仿、反向工程和渐进改进等工程化活动（Xie，Wu & Chu，2009）。作为发展中国家，大量技术先进的跨国公司的存在，为本土企业提供了许多潜在的技术来源。也正是因为本土企业与跨国公司之间技术差距的存在，使得本土企业的技术学习表现出解构和重构的过程。技术解构是组织分解已有技术，从而掌握该技术的架构，并理解其中技术模块的功能甚至原理的过程。它主要强调后发企业通过一些策略性做法以降低技术获取的成本、资源需求以及时间耗费，或者是通过对外部资源的利用来降低吸收外部技术所需要的能力门槛。技术重构是组织重组已有技术从而产生技术创新的过程（Carna-buci & Operti，2013），它强调后发企业在产品和技术发展中将来自不同外部来源的技术专长与企业内部自身的技术专长加以整合，进而针对特定的市场需求进行技术的本土化发展，从而更好地利用市场中所蕴含的机会。

与传统的西方发达国家的技术发展模式不同（Utterback & Abernathy，1975），许多本土企业都是通过仔细拆解并分析目标产品的技术细节（如结构、布局、组件和材料）这样的反向工程方式等技术解构过程，完成初步的技术能力积累。谢伟和吴贵生（2003）的研究指出，中国彩色电视机企业的技术学习过程从掌握生产（工程）能力，以达到引进产品的质量水平开始。与此同时，在竞争压力之下，中国的本土企业对引进的产品进行改进以满足客户的特定需求，以获得更多的市场份额。它们主要通过增加新功能、采用不同的组件或材料等方式改进这些模仿的产品。在这一技术重构的过程中，本土企业表现出许多市场导向的创新。正是这种以提供更低价格、但达到相当的质量水平的产品来满足本土市场需求的能力，使得本土企业能够应对来自跨国公司或其合资公司的竞争。

其次，吸收能力观点强调企业的吸收能力受限于企业前期积累的能力，即企业能否有效吸收外部的技术和知识，取决于企业在此之前是否已经掌握了必要的相关技术和知识。因此，企业从外部吸收技术和知识时，必须选择与自身能力相匹配的知识来源。但是，从后发企业的追赶经验来看，企业在吸收外部知识时，即便当前自身的吸收能力相对于该外部知识而言不足，企业仍然可以通过一定的策略来有效地吸收和利用外部的知识。例如，通过寻求企业之外的主体（如研发机构、客户或供应商）的帮助，利用外部技术能力来帮助自身消化吸收。因此，将创新系统的观点引入能力构建的理论非常有必要。

3.3　构念解析

3.3.1　企业技术解构

技术解构是组织分解已有技术，从而掌握该技术的架构，并理解其中技术模块的功能甚至原理的过程。对于每一种产品而言，它既包括构成它的若干模块（或组件），也包括把这些模块连接为整体的架构（朱瑞博、刘志阳、刘芸，2011）。产品的架构是指描述将产品分割成零部件和工序，并将产品的功能分配到这些零部件中，以及各个零部件之间和工序之间的接口或界面规则的产品设计思想（Henderson & Clark，1990；Uleich，1995）。

依据组件改变程度和组件连接改变程度两个维度，亨德森和克拉克（Henderson & Clark，1990）将创新分为渐进式创新、模块式创新、架构式创新和突破式创新四类。渐进式创新是指产品的组件和组件之间的连接均只有细小的改进，没有重大变化。突破式创新则刚好相反，是指产品的组件和产品架构均发生重大变化；它往往涉及新的产品或概念，往往导致新的主导设计形成。模块式创新是指产品架构和组件之间的连接规则基本不变，但是存在一种或多种模块发生颠覆性的改进；它一般发生在主导设计确定之后，在既定的设计规则之下对模块的性能进行提升。架构式创新则是产品组件基本不变，但组件之间的连接规则发生重大的变化。

对于后发企业而言，其进入的产业一般是主导设计已经确定了的产业。后发企业由于在现有技术能力和可利用的资源上均存在劣势，开展突破式创新往往非常困难。而渐进式创新往往意味着本土企业在全球领先企业的现成路径上追赶，本土企业必须以快于领先企业的速度成长才有可能实现赶超。

在确定的产品架构之下，模块式创新的发生常常来自该特定领域的技术突破，这往往涉及大量的研发投入。相较之下，架构式创新为后发企业提供了更为容易实现追赶的路径。架构式创新从改变组件和零部件连接方式的技术创新着手，充分利用产业生态系统中的外部资源，以创造价值并构建自身的竞争优势。即便是在企业不掌握许多核心模块技术细节的情况下，它们仍能够将各种模块作为备选元素纳入创新活动中。架构式创新往往为进入蓝海开展价值创新和商业模式创新，可以避免与现有领先企业发展恶性竞争（朱瑞博、刘志阳、刘芸，2011）。

对于后发企业而言，实现追赶的一条捷径是：通过技术解构以获得产品的架构知识，进而开展架构创新。许多产业的产品结构模块化的趋势，使得后发企业参与全球价值链的难度大大降低。这种模块化的生产网络本质上是在科学技术不断进步、产业分工不断细化和空间分散的背景下，拥有异质创新资源的企业和研究机构之间形成的相互依赖的网络关系。在这种全球生产网络中，领导厂商掌握了网络中的关键稀缺资源或核心能力，也能凭借其技术创新能力对后发企业构建难以突破的战略性隔绝机制（朱瑞博、刘志阳、刘芸，2011）。对于后发企业而言，很容易陷入低端锁定的陷阱。有远见的企业往往突破初始阶段从事的产业链环节，通过掌握该产业更为先进的技术，进而向产业链的价值高地攀升。为了掌握更复杂的技术，企业需要从自身已经掌握的模块或组件知识向上延伸，去掌握更复杂的模块甚至最终的整合产品的知识。在这个向上延伸的过程中，必然涉及对将各个子模块连接起来的产品（或相对更复杂的模块）架构知识的学习。而掌握这种架构知识的好处是，可以利用全球资源进行架构创新，从而获取竞争优势。以奇瑞、吉利、比亚迪为典型的本土汽车企业，通过学习和借鉴国内外汽车企业的先进生产技术，先对汽车整车进行技术解构，从而模仿设计，积累了最初始的汽车架构的相关知识。然后通过零部件的自主开发，逐步掌握了整车造型、车身、底盘、发动机和变速箱等的开发和设计能力。

3.3.2　企业技术重构

大多数技术创新要么来自用新的方式重组技术，要么来自重新排列已有的技术组合以便将其用于新应用（Fleming，2001；Henderson & Clark，1990；Nelson & Winter，1982；Schumpeter，1934）。技术重构是组织重组已有技术从而产生技术创新的过程（Carnabuci & Operti，2013）。对于后发企业而言，它强调在产品和技术发展中将来自不同外部来源的技术专长与企业内部自身的技术专长加以整合，进而针对特定的市场需求进行技术的本土化发展，从而更好地利用市场中所蕴含的机会。

技术重构本质上是一个复杂的搜索过程。技术发明可被看作对已有知识元素的重组，但创造发明的过程不是简单的知识元素重组。因为即便只采用数量不多的知识元素，其大量的潜在组合也能使得可能的发明数量剧增，从而导致沉重的选择成本（Fleming & Sorenson，2001）。从这个角度来讲，技术重组是一个相当复杂的从可能组合的大量问题空间中搜索的过程（Yayavaram & Ahuja，2008）。一个常见的问题空间模型——NK 模型有助于我们理解这个搜索过程（Kauffman，1993；Levinthal，1997；Siggelkow & Rivkin，2006）。在 NK 模型中，问题空间是一个多维度的图景，图景中的每一个点代表了一个知识元素组合（如一项发明）和其相应的效用或有用性。搜索有用发明的问题也就是搜索技术图景中的峰值（Fleming & Sorenson，2001）。企业的技术图景直接受到其每一对知识元素组合的影响，因此，当企业引入新的知识元素时，会产生新的技术图景，而企业需要在新的技术图景中搜寻。技术重构的搜索过程涉及对价值和效用的判断。技术图景中的每个点代表一个发明的技术可能空间。这里的发明是广义的有用的发明，即那些直接解决了重要的技术经济问题因而直接创造了经济价值的，或者为将来解决技术经济问题做基础的发明。因此，在图景框架中寻找那些高效用的重组的搜索过程可抽象为：组合技术元素配置，评价其效用，改变某一给定元素配置中的一个或多个元素创造一个新的配置，评价其效用，如果效用提升了则接受新配置，再进行下一次搜索（Yayavaram & Ahuja，2008）。

按照技术重构的创新程度，技术重构可分为两类：重组创造和重组再用（Carnabuci & Operti，2013）。重组创造是指企业对现有技术采用以往从未采用过的组合方式进行想象和创造新组合。它需要大量与能力拓展相关的练习（Argyres & Silverman，2004；Laursen & Salter，2006）。通过这些练习，企业更深地掌握以前未探索过的技术之间的关联。重组再用是指企业改进和重新使用已知的技术组合方式来解决新问题、开发新应用的能力。它需要大量与能力深化相关的练习，新技术的产生来自深入钻研已有的技术组合（Argyres & Silverman，2004；Katila & Ahuja，2002）；它需要企业改进已知的技术组合，以便发现可应用这些组合的新情境。组织内网络和知识对两种类型的技术重构有不同的影响。采用半导体行业的企业数据，卡纳布奇和欧普提（Carnabuci & Operti，2013）实证发现，组织内网络的整合程度和知识多元化程度单独对重组创新和重组再用的作用方向截然相反，但两个影响因素的交互项对重组创新和重组再用是一致的。具体来说，组织内网络的整合程度高，增加了企业重组再用，但降低了重组创新；相反，知识多元化程度高，降低了企业重组再用，但提高了重组创新；但当组织内网络的整合程度高，知识多元化程度也高时，企业重组再用和重组创新的能力均得到提升。

技术重构是企业创新绩效的一个重要驱动力（Carnabuci & Operti，2013；Galunic & Rodan，1998；Hargadon & Sutton，1997；Luo & Child，2015；谢伟，2006）。亨德森和克拉克（1990）对照相平版印刷设备行业进行研究，他们认为，由于现有企业没有能力将已经充分掌握了的技术用新的、更有效的方式重新联系起来，导致失去其技术领先地位。亚瓦拉姆和阿胡贾（Yayavaram，Ahuja，2008）的研究表明，当半导体企业重组其他拆分了的知识领域的技术部件时，许多重大的创意产生了。对激光视盘播放机产业的追赶经验进行分析后，谢伟（2006）指出，本土企业应利用价值链的可分性、独立技术供应商的出现和梯度化的市场机会，充分利用低劳动力成本和对本地市场知识的掌握两大优势，从外围创新领域和制造产品的装配环节进行创新，进而赢得的竞争绩效。

从知识基结构特征的角度来看，作为发展中国家，本土企业往往只拥有某些领域的、数量不多的知识群。但因为要通过参与全球产业链的部分环节（尤其是低技术环节）融入全球生产网络，其对与外部知识进行联结的有关知识也要较好地掌握。这使得发展中国家企业的技术重构表现出一些独有的特征，具体如下。

（1）技术重构门槛不高，技术探索大量存在。发展中国家本土企业的知识基中往往只拥有少数知识群，也表现为只参与产业链的某个环节。作为后来者，它们在该技术领域掌握的知识是有限的，这意味着企业知识基中的知识元素和知识元素之间的联结的数量要远远低于发达国家企业。由于关联知识群或知识元素较少，当企业针对焦点知识群或知识元素进行改进时，所需要考虑的影响是有限的，因而大大降低了企业进行技术改进（搜索问题空间）的门槛，促使进行大量的技术探索（Yayavaram & Ahuja，2008）。因为当技术人员对某一知识元素进行改变时，他们还需要考虑因该变动而引发的相关元素的变化。倘若相关元素较少，那么对已有知识元素配置方式进行变动的门槛就不那么高。此外，在重组搜索模型中，创新者需要评价一种要素配置方式的回报，然后决定是否改变其中的要素以尝试另外一种配置方式。如果一个要素的变动会影响到许多相关要素时，创新者往往只会采纳那些不会负向影响到其他相关要素效能的变动，而这样做会大大减少可能的变动。因为知识要素的许多变动，往往正向影响一部分相关要素，但同时负向影响另一些相关要素。但是，由于后发企业往往不存在这样的包袱，在进行创新时需要考虑的关联因素数量相对较少，因而企业进行探索性改变、寻找更佳的配置变得更容易。

（2）以模仿性的、响应性的技术重构为主。在发展中国家中，本土企业作为技术落后者参与全球价值链，直接面对技术、管理和资金均更有优势的跨国公司的竞争。为了使自身产品达到一定的性能和足够低的成本，本土企业会对竞争对手或其他外部知识源进行模仿，将这些新的技术源作为企业技术重构的重要来源。此外，本土企业参与全球价值链时，对与外部知识进行联结的有关知识也要较好地掌握。尤其是当外部相关知识（尤其是产业链上下游）发生变化时，本土企业需要迅速反应，将相关技术整合到企业自身知识基中，即本土企业会进行大量跨越知识群边界的探索。亚瓦拉姆和阿胡贾（2008）指出，当一个知识群采用一种新配置时，可能会对另外一个知识群的知识元素产生影响。前一个知识群的变动会导致后一个知识群进行变动，而后一个知识群的变动还可以进一步引发第三个、第四个等知识群的变动，从而形成大量跨越知识群边界的联结的适应性改变。

3.3.3　产业系统中的其他主体技术学习

对于一个产业的技术追赶而言，该产业内企业的技术学习是最先受到关注的。新兴经济体中后发企业的技术学习过程是一个技术解构与技术重构的过程，本章接下来分别对企业的技术解构和重构的本质进行了讨论。

但是对于一个产业的技术追赶而言，除了受到该产业内企业的技术学习的影响外，还受到产业创新系统中其他许多相关主体的技术学习以及与这些相关主体之间的知识连接的影响。尤其不容忽视的是其他相关产业（尤其是上下游产业）的技术学习和研发机构的技术学习。从实际的追赶经验中，我们可以很容易地发现产业内企业的能力构建过程中表现出多主体协作的特征。对于某一特定产业而言，以上下游为核心的相关产业的企业和该产业的研发机构的技术解构活动及相关的能力，对于焦点产业的作用最为显著，值得我们关注。正如产业创新系统理论（Malerba，2002）所强调的那样，创新系统里多种主体（不仅是企业，还有大学、研究机构、政府和金融系统等非市场主体）以及它们直接的联结是分析产业追赶所不可忽视的。

3.3.3.1　相关产业的技术解构

一个产业要实现技术的追赶，不仅取决于该产业里的企业的技术学习，还受到相关产业里的企业技术学习的影响。产业间知识溢出在以往文献中一直受到关注（Bernstein，1988；Griliches & Lichtenberg，1984；Guo，2008；Hanel，1994，2000；Hobday，1995）。对于像中国这样的新兴经济体，由于技术学习具有高度依赖模仿的特征，产业间知识的溢出在促进企业技术提升方面所起的作用比在发达国家更为重要（Guo，2008）。已经有越来越多的实证研究开始关注产业间知识溢出对生产率的贡献（Hanel，2000；Guo，2008）。

相关产业的技术解构能力，尤其上下游产业中企业的技术解构能力对焦点产业的技术追赶的影响主要通过促进技术信息流通、协助消化吸收等方式来实现。上下游产业中企业的技术解构能力越强，意味着它们对相关技术的架构和原理的理解越深，从而越有能力帮助焦点产业企业解决技术问题。当焦点产业在消化某一特定技术方面存在困难时，它们可以凭借上下游的供应或客户等关系，向相关产业的企业寻求帮助。上游部件或系统供应商往往同时与许多企业（本土企业或国际领先企业）有着各种不同类型的关系，而且在创新过程中非常活跃。它们能起到技术中介的作用，将从其他客户企业那里掌握的知识传递过来，甚至帮助解决困扰焦点产业企业的技术难题（Malerba & Nelson，2011）。当一个供应商为某一个制造商生产某一部件时，会主动把这一信息分享给可能对此感兴趣的其他下游制造商，甚至把样品给他们看，提供相关的详细技术信息，如技术图纸和技术诀窍，这极大地促进了焦点产业内技术信息的分享和技术扩散（Chen，2009）。与这些有能力的、先进的供应商建立垂直联系能带来新的投入，以及与生产和创新相关的新知识和新信息，从而促进能力的提升。

用户与生产者之间的交互对生产者技术发展的作用被许多文献讨论过（Gertler，1995；Fagerberg，1995；Lundvall，1988）。用户或者客户对制造业企业的学习和能力构建非常重要。尤其是当客户也是企业时，通常技术更复杂，对质量有高标准的要求。此时，与这些"挑剔"用户的密切交互会成为企业重要的学习方式（Spencer，2008；Malerba & Nelson，2011）。例如，跨国企业对本土供应商的培训、质量标准要求，提升了本土供应商和分销商的质量和服务标准。以机床产业为例，技术尖端的用户企业如汽车产业和自动化产业起到了巨大的作用（Lee，1998）。在这些发现问题和解决问题能力很高的用户企业的帮助下，机床制造商提升了其技术竞争力。正如从德国、日本、美国、意大利和韩国所看到的那样，它们在全球机床产业中处于领先地位，同时它们国内也都有着强大的汽车产业和自动化产业。而在中国台湾地区，尽管其机床产业的用户汽车公司主要是从外部进口机床设备，而且大多数机床企业技术水平不高，但它们仍然可以通过扮演机器测试者、技术代理的角色来帮助中国台湾地区机床企业提高技术水平（Chen，2009）。当机床企业开发新产品时，往往依赖这些有着使用国外引进机床设备的本地值得信任的汽车企业来进行测试，帮助解决其中的技术难题、提出改进建议等。尤其是当本土企业受到国外同行企业对技术引进的警惕和封锁，反向工程等技术解构活动越来越难以使用时，这种通过用户企业来间接了解和掌握本产业的相关技术的方式变得非常重要。因此，相关产业企业的技术解构能力越强，它们对焦点产业的技术理解则越深，从而越有助于帮助焦点产业提升技术水平。

3.3.3.2　研发机构的技术解构

大学和研发机构对追赶的作用也不容忽视（Mazzoleni & Nelson，2007）。依靠其在开展基础研究和应用研究中掌握的技术能力，大学和研究机构主要通过扮演技术守门员或者技术支持者的角色，帮助产业内企业消化吸收外部技术，进而实现技术追赶。技术守门员是指那些能系统地监控外部与企业创新相关的信息的机构。以韩国为例，20 世纪 60 年代，作为政府从农业经济向工业经济系统转型的经济发展计划的一部分，韩国政府创立了许多研究机构。这些研究机构作为技术守门员，将技术转移给产业界。它们为产业需要的技术提供信息，进行研发项目测试，将引进的技术转移给企业（Sohn，2007）。20 世纪 80 年代中叶以来，研究所的定位不是发明，而是进行技术吸收，以帮助本土大集团企业缩小与国际领先外资企业的距离。类似地，中国台湾地区成立台湾机械产业研究实验室，设立在台中这一机床产业集群的中心，以更近距离地接触其服务目标。当本地企业在吸收引进技术上存在问题，难以采纳和有效应用引进的技术时，它们可以向该实验室咨询解决方案，或者委托它们进行相关的研究以解决问题（Chen，2009）。

3.4　研究方法

本章研究的主要目的是探讨后发企业是技术学习过程中技术解构和技术重构的具体机制。具体而言，是探讨企业采用怎样的技术解构策略来消化、吸收外部可得的技术知识，以及怎样利用和创造已有技术知识来进行技术的重构。艾森哈特（Einsenhard，1989）和殷（Yin，1994）指出，案例研究特别适用于探索研究不充分的领域，以及回答"如何"的问题。本章选择了一个国内领先的空分设备制造商（杭氧）作为研究对象，开展了一个跨度 30 年的纵向案例研究，以揭示中国后发企业的技术学习过程中具体的技术解构和技术重构的机制。案例研究要求案例的选择满足典型性或极端情形的要求（Pettigrew，1990）。本章选择的案例符合典型性的要求，杭氧在经历了较长一段时间的技术学习后，实现了技术的高速发展。

本章搜集了有关杭氧的档案数据，并对多次访谈的记录进行整理。主要搜集了以下二手数据。（1）1994～1995 年：160 页的图书《我国空分设备行业发展史》和 15 页的内部出版物《杭氧的科技》；（2）2003～2004 年：杭氧研究所编辑的 12 页的内部刊物《深冷技术》；（3）2007～2008 年，企业内部 136 页的报告以及网站上搜集 16 页的新闻报告和技术文档。关于访谈记录，访谈对象均为在过去 30 年中至少参与过其中某一代技术开发的技术人员。每一次访谈持续时间从 60 分钟到 3 小时不等。每次有两名研究人员参与访谈，一位与被访谈者谈话，另一位做记录。在所有的访谈中，被访谈者都被鼓励用尽可能详细的事例或细节来描述特定的开发任务或项目。半结构化的访谈主要关注以下四个开放式问题。（1）每一代技术开发过程中，当时的市场、技术和政策方面的追赶背景是怎样的？（2）关于知识获取的学习方式：在技术追赶过程中，杭氧是怎样获取并消化技术的？（3）知识的应用和创造过程：在技术引进和消化的基础上，杭氧是怎样改进和开发产品和技术的？（4）在技术追赶时，杭氧取得了怎样的成绩？为了避免研究的片面性，本章对不同渠道获得的信息采用信息交叉补充和交叉验证的方法进行了整理（Yin，1994）。

3.5 案例研究

杭州杭氧股份有限公司于 1950 年建厂（原名浙江铁工厂），1957 年建立我国第一个空分及液化设备生产基地，1958 年定名为杭州制氧机厂。经过 1958~2008 年的技术追赶和发展，目前已经成为国内最大的空分设备开发、设计、成套、制造企业。空分设备制造业是指生产成套空分设备（制氧机）的一个行业。生产工业气体氧、氮、氩的空分设备被广泛使用于冶金、有色、石油、化工等领域。

对杭州杭氧股份有限公司 1978~2008 年的发展历程进行案例分析后，本章对后发企业的技术追赶中技术解构和技术重构的发生机制进行了总结。技术解构的一些典型机制包括：（1）从为先进技术企业做分包开始，逐渐参与先进技术企业的合作生产，作为分包商在先进技术企业的指导或协助下消化技术；（2）技术模块或子系统中的跨期学习，前期掌握的技术知识作为企业知识基的一部分，被重新使用于帮助消化新的技术；（3）从外围向核心子系统或从部件向模块及系统的渐进式扩展；（4）对外部获取的技术进行适应性和本土化的小改进，进而更深入地理解并掌握技术；（5）大学和研究机构作为技术中介协助企业技术消化吸收。对于这些典型机制的示例，见表 3.1。

表 3.1　　　　　　　　　　　典型的技术解构机制与示例

典型机制	示例
作为分包商在合作生产中的逐步参与	20 世纪 80 年代末，国内钢铁企业倾向于购买进口设备，而外方觉得完全在本国生产成本太高，于是开始与杭氧联合生产（分包）。杭氧利用这一机遇，通过合作生产，跟踪国外的最新技术。1978~1998 年，杭氧与林德合作生产了 17 套 "10000" 以上的空分设备。此外，1996~2001 年，与法液空合作生产了淮南 "28000"、金山 "18000"、本钢 "20000" 等空分设备。这些国际合作项目，对杭氧整体空分流程技术及主要单元部机的设计制造技术的提高起到了重要作用
技术模块或子系统中的跨期学习	1981 年，杭氧从日本公司（Hitachi）引进了中压涡轮压缩机，并于次年为大型空分设备合作开发和生产了许多套压缩机。基于在中压涡轮压缩机技术上的积累，1987 年杭氧作为德国德马格公司（Demag）的分包商引进了该公司的中高压涡轮压缩机的设计和制造技术时，技术消化的周期大大缩短
从外围子系统（或辅件备件）向核心系统部件（或成套设备）的扩展	杭氧生产的范围是从一般的外围设备逐步扩展到精馏塔、主换热器、主冷等核心部件。在核心部件的技术设计和制造上，杭氧也通常会采取从辅件备件向核心系统部件及整机扩展到方式，来逐步积累必要的设计、制造经验和技术专长

续表

典型机制	示例
从技术的适应性或本土化改进中掌握技术	1981年，杭氧向日本日立公司引进30kg/cm² 的中压透平氧气压缩机的制造技术。这套图纸引进之前，日立公司本身还未将该技术产品化，只是处于理论设计阶段。杭氧引进蓝图并根据国内空分的特点与市场需求，进行创造性改造，尤其是对出风口、进风口、叶轮等参数进行重新设计，同时在工艺上进一步改进，以达到出氧量设计指标。这种改进过程使得企业技术人员对产品的架构和原理有了更深的理解
大学和研究机构作为技术中介协助企业技术消化吸收	1986年，杭氧与西安交通大学合作开发与大型空分设备配套的高效板式冷凝蒸发器课题。九十年代初，杭氧与浙江大学合作，引进了美国的物性参数查询、调用软件包，并进行了二次开发，大大提高了设计的准确性

资料来源：企业内部调研一手资料。

　　我们对后发企业的技术追赶中技术重构的一些典型机制进行了总结，具体包括：（1）对多重来源的外部技术与专长的整合；（2）产品设计与制造过程的协同改进；（3）内部与外部的技术惯例（包括技术标准和质量体系在内）的融合；（4）内部技术专长的重新配置与利用。对于以上典型的技术重构机制与示例，见表3.2。

表3.2　　　　　　　　　　典型的技术重构机制与示例

典型机制	示例
多重来源的外部技术与专长的整合	杭氧在特大型空分设备的成套设计与计算技术方面，通过对来自不同来源的设计计算软件的引进、消化、吸收以及整合（例如，流程设计计算方面引进美国阿斯彭（Aspend）热力计算软件，在精馏计算方面引进林德公司精馏计算软件），逐步建立了较完善的产品设计开发软件体系
产品设计与制造过程的协同改进	除了在系统设计方面的发展，制造技术的同步发展对杭氧的技术追赶也起到关键作用。杭氧在第6代和第7代大型低温设备加工工艺的技术攻关是结合我国与林德公司合作生产的"三万"等级空分设备而展开的，引进并应用了一大批国际先进的铝合金焊接新工艺以及大型厚壁锥体扳边技术、大直径精馏塔卧装技术等，还自行开发了高强度铝合金5083整体压制成形工艺
内部与外部的技术惯例的融合	德国梅塞尔集团（MESSER）战略转型为工业气体供应商时，杭氧作为设备供应商与之合作。合作方式是MESSER公司提出详尽的技术要求，提供部分技术指导和一系列产品标准，由杭氧自主进行设备和生产。MESSER公司的许多技术是以技术标准的形式提供的，并且派遣资深技术人员对生产图纸进行审核以及对生产过程的关键环节进行监督，同时也为设计和生产中的一些技术以及杭氧自己的设计标准提供改进建议和指导。由于杭氧原来有自己的完备的技术标准体系，这样在一段时期内出现了两个技术标准共存的情形。经过一段时间的消化学习，最终形成以MESSER公司技术标准为蓝本、以杭氧原有技术标准为补充的融合而成的杭氧企业技术新标准

续表

典型机制	示例
内部技术或能力的重新配置	在杭氧发展乙烯冷箱技术时，除了板翅式换热器的设计和制造外，其他的互补技术基本上都已经在空分设备的消化吸收和技术开发中完成了积累。基于将空分设备积累的技术和人力配置到新的技术领域，行业很快实现了乙烯冷箱的攻破

资料来源：企业内部调研一手资料。

通过杭氧的案例，我们对企业技术解构和重构的具体发生机制进行了归纳。从中可以看出，一个产业（以领头企业为核心）的技术追赶过程，不仅涉及该产业企业的技术学习，上下游等相关产业的技术解构和研发机构的技术解构也起到了很重要的作用。

3.6　构念的量化

3.6.1　企业层研究中对技术解构和重构的量化

本小节提出了技术解构和重构在企业层研究中的量化措施。基于前述案例研究提出的企业技术解构和重构的具体机制，我们开发了以下问卷，见表3.3。该问卷的填写者须为企业中技术或研发相关部门的主管或更高层领导。

表3.3　　　　　企业层研究中技术解构和重构的测量问卷

相对于同行企业，您是否同意以下说法：	1 非常不同意	2 不同意	3 有点不同意	4 中立	5 有点同意	6 同意	7 非常同意
在过去三年中，贵公司是怎样学习企业外部技术的？							
本公司从企业外部吸收了许多技术							
本公司通过各种方式，努力掌握外部获得的技术							
本公司将企业外部的技术产品拿来进行分解，从而掌握该产品在整体上的技术设计思想							
当分解企业外部的技术产品时，对于其中较复杂的模块，本公司依赖外部来解决（如采购该模块）							

续表

相对于同行企业，您是否同意以下说法：	1 非常不同意	2 不同意	3 有点不同意	4 中立	5 有点同意	6 同意	7 非常同意
本公司从为先进技术企业做分包开始，逐渐参与先进技术企业的合作生产							
本公司从为采购商提供简单技术产品开始（如外围设备、部件、子系统），逐步扩展到复杂技术产品（如核心子系统、核心部件、系统产品）							
对于外部获取的技术，本公司从局部的或小的改进入手，来掌握技术；进而扩展到对复杂的，甚至整体的技术系统的理解和掌握							
本公司通过内部技术/研发的经费投入或人员培训，提高他们理解、掌握外部技术的能力							
本公司借助大学或研究所等研究机构，来帮助消化外来技术							
本公司早期掌握的技术知识，被用于帮助消化吸收后来从外部获得的技术							
除以上方式外，本公司主要还采用了哪些方式来消化吸收外部获取的技术？							
在过去三年中，贵公司是怎样利用技术来开发出新产品的？							
本公司整合了许多渠道获得的外部技术，应用技术改进和产品开发							
本公司改进已有的或建立新的生产流程，以适应新的产品设计							
本公司从其他先进技术企业那里获得一些技术管理体系（如质量控制体系、产品设计标准、生产标准），并运用于本公司内部的产品开发							
重新配置本企业内部已有的技术专长，开发新产品或新市场							
将本企业已有的技术专长与新获得的外部技术结合，开发新产品或新市场							
除以上方式外，本公司主要还采用了哪些方式来帮助开发新产品？							

3.6.2 产业层研究中对技术解构和重构的量化

在产业层研究中，由于国家统计局发布的《中国科技统计年鉴》为我们提供了较为丰富的、客观的产业层科技指标数据，我们可以采用二手数据构造的方法来测量产业层的技术解构和重构。

正如杭氧案例中所显示的那样，上下游等相关产业的技术解构和研发机构的技术解构对焦点产业的技术能力构建的作用不容忽视，本小节在提出产业层的技术解构和重构的量化方法时，也将上下游等相关产业的技术解构和研发机构的技术解构纳入进来。也就是说，本章研究从产业创新系统中多主体协作的视角刻画技术解构与技术重构，即要从焦点产业内企业的技术学习、相关产业的技术学习和研发机构的技术学习三个角度来刻画。具体而言，技术解构依据产业内主体不同细分为本产业内企业的技术解构、相关产业内企业的技术解构、本产业内研发机构的技术解构三种类型，以下分别简称为解构、其他产业解构、研发机构解构。而技术重构着重关注产业内企业的技术重构。

3.6.2.1 数据来源介绍

《中国科技统计年鉴》是国家统计局和科技部共同编辑的反映我国科技活动情况的统计资料书，它在对全国 31 个省、自治区、直辖市以及国务院有关部门的年度科技统计数据按照二位代码行业和省级地区进行整合后发布（Park & Lee，2006）。该年鉴的第二部分为地级及以上研究与开发机构科技活动统计资料；第三部分为大中型工业企业及高技术产业科技活动统计资料。大中型工业企业是指从业人员数 300 人以上，销售额 3000 万元以上，且资产总额 4000 万元以上的工业企业。统计上对大中型企业的划定标准在 2011 年发生了很大的变动，因此，研究中如果时间跨度包含了 2011 年，则要格外注意 2011 年前后数据是否可比的问题。

《中国科技统计年鉴》因其丰富的科技指标被广泛运用于技术创新这一领域的学术研究中。柳卸林和怀特（Liu & White，1997）用 1989～1993 年的制造业 29 个产业的数据对研发投入和技术引进对于新产品绩效的影响进行了实证。郭斌（Guo，2008）用中国制造业产业层 1996～2001 年的数据，对内部研发、国外技术转移、国内技术转移和产业间的研发溢出这四种技术获取渠道对产业创新绩效和生产率的影响进行了实证。采用年鉴数据开展的技术创新主题的学术研究，除了以上产业层实证外，还有许多区域层（省份）的研究。由于这类研究受制于年鉴数据的特性，使得用这些数据可检验的研究问题大多聚焦于检验各类创新投入（如研发投入、技术转移等）对创新产出（如新产品、专利等）的影响及彼此的相对重要性。

本小节主要提供了采用《中国科技统计年鉴》的大中型工业企业、研究与开发机构的科技活动统计数据，构造产业层的技术解构和重构的测量方式。在对相关产业技术解构进行测量时，我们需要考虑其他产业与焦点产业的联系紧密程度。为了衡量产业之间的联系紧密程度，我们采用了《中国统计年鉴》中的投入产出表数据（Guo，2008）。《中国统计年鉴》收录了全国和各省、自治区、直辖市的经济与社会各方面的统计数据，其中的《国民经济核算》这一章节提供了各部门之间的投入产出数据，本章接下来论述其具体操作方式。

3.6.2.2　产业内企业技术解构和重构

用二手数据对产业内企业整体上的技术解构和重构进行测量，最大的一个难点在于，科技活动数据的综合性使得严格地区分两者较为困难。但总体上，对于产业内的企业而言，与技术的消化吸收相关的科技活动更能反映技术解构，而与新产品和专利相关的数据更能反映技术重构。

首先，本章对能反映焦点产业内企业的技术学习程度的指标进行了搜集，主要有以下五个。（1）科技经费比重：科技活动经费占主营业务收入比重；（2）新产品销售比重：新产品销售收入占主营业务收入比重；（3）发明专利强度：发明专利申请数除以主营业务收入；（4）消化吸收相对其他科技活动的强度：消化吸收经费占科技经费内部支出和引进、消化吸收经费的比重；（5）消化吸收比重：消化吸收经费占主营业务收入比重。这些指标数据均来自《中国科技统计年鉴》，涉及以下指标：科技活动经费内部支出、技术引进经费支出、消化吸收经费支出、购买国内技术经费支出、主营业务收入、发明专利申请数、科技活动经费占主营业务收入比重、新产品销售收入占主营业务收入比重。

其次，对这五个指标进行探索性因子分析，进而根据因子分析得到的公因子的情况，并结合各指标的含义，对各指标在统计上和含义上更接近技术解构还是技术重构进行判断。最后，将原始数据进行降维，获得产业层的技术解构和重构的测度。

　　本章搜集了 2000～2006 年的产业层大中型工业企业的科技活动指标。统计上对大中型企业的划定标准在 2011 年发生了很大的变动，但本章研究的时间跨度不受到其影响。按照如上步骤，我们先计算了以上五个指标，然后对这五个指标采用探索性因子分析这一最常见的给数据降维的数据处理方法。具体而言，对这五个指标采用探索性因子分析，采用主成分法抽取特征根大于 1 的因子，最大方差法旋转。最终产生了两个因子，特征根依次为 2.426 和 1.498，因子荷载情况见表 3.4。

表 3.4　　　　　　　　　　产业内企业技术学习的因子分析

变量	指标	因子		累计解释方差（％）
		1	2	
产业内企业技术重构	科技经费比重	0.915	0.124	43.292
	新产品销售比重	0.889	0.024	
	发明专利强度	0.647	0.094	
产业内企业技术解构	消化吸收相对其他科技活动的强度	−0.083	0.963	78.484
	消化吸收比重	0.335	0.899	

　　依据因子分析结果，前三个指标含义接近，被定义为产业内企业的技术重构，后两个指标被定义为产业内企业的技术解构。为分别生成产业内企业技术解构和技术重构两个变量的数据，笔者对它们各自对应的原始数据进行了合成，合成方法为：（1）将五个指标的原始值等比例转化到 0～5 之间，以消除不同数据指标在量纲和数据尺度上不一致的问题；（2）对相应指标求均值，也即对前三个指标进行等比例转换后求均值，得到技术重构的值，对后两个指标用同样方法得到技术解构的值。

3.6.2.3　其他产业的企业技术解构

　　相关产业（尤其是上下游产业等相关产业）的技术解构对于焦点产业的技术发展有着重要的影响，当衡量其他产业对本产业的影响时需要将本产业之外的其他产业技术重构情况加权求和，且权重系数必须能反映两两产业之间的联系紧密程度。这种反映两两产业之间的联系紧密程度的数据可以从投入产出表中间接计算出来（Guo，2008）。投入产出表也叫部门联系平衡表，它能反映国民经济各部门的投入和产出、投入的来源和产出的去向，以及部门与部门之间相互提供、相互消耗产品的技术经济关系。

产业对产业的中间投入比率非常适用于反映产业间的联系紧密程度，不过《中国统计年鉴》中的投入产出表只给出了部门对部门的中间投入表。部门是比二位产业代码要更粗的分类方法，29 个制造业行业被划分为了 8 个部门。本章剔除了烟草制品业，石油加工、炼焦及核燃料加工业，工艺品及其他制造业 3 个垄断或数据缺失的行业，剩下的 26 个行业隶属于食品制造业、纺织、缝纫及皮革产品制造业、其他制造业、化学工业、建筑材料及其他非金属矿物制品业、金属产品制造业、机械设备制造业 8 个部门。

将部门对部门的投入产出表按照各产业在其所在部门中的权重来细分，可以得到部门对产业的投入产出比率矩阵。这些比率数据可以用来反映其他产业（依据所属部门）与本产业的联系紧密程度。首先，计算部门对部门的中间投入比率矩阵（category-to-category，CCR）：部门 i 对部门 j 的中间投入比率（CCR_{ij}）为部门 i 作为投入方，部门 j 作为产出方的中间投入占以部门 j 作为产出方的所有中间投入的比重。其次，计算部门对产业的中间投入比率矩阵（category-to-industry，CIR），CIR_{im} 等于 CCR_{ij} 乘以产业 m 的中间投入在部门 j 的总中间投入中的比重。每个产业的中间投入计算方法为：工业总产值减去工业增加值，再加上应交增值税。这些指标数据均通过《中国统计年鉴》获得。

对于焦点产业而言，其他产业的技术解构的计算公式为 $\sum_i \sum_{n \neq m}$（解构$_{n(i)}$ × CIR_{im}），其中，i 指部门，因为 26 个产业隶属于 7 个部门，因此，i 的取值为 1 ~ 7；n、m 指产业，解构$_{n(i)}$ 是指部门 i 中行业 n 的产业内企业技术解构。

《中国统计年鉴》并不是每年都发布投入产出表，而是间隔 2 ~ 3 年不等时间，并延迟几年后公布。本章分别采用 2000 年、2002 年和 2005 年的投入产出表来计算 2000 ~ 2001 年、2002 ~ 2003 年、2004 ~ 2006 年这三个时期的产业间联系紧密度。

3.6.2.4　研发机构的技术解构

研发机构的技术解构可用以下五个指标来反映。（1）研发机构人员比重：研发机构的从业人员数除以该行业企业的从业人员数。（2）研发机构科技人员比重：研发机构的科技人员数除以该行业企业的从业人员数。（3）研发机构科学家和工程师比重：研发机构的科学家和工程师数除以该行业企业的从业人员数。（4）研发机构内部支出比重：研发机构科技活动经费内部支出除以该行业企业科技活动经费内部支出。（5）研发机构内部支出占企业主营业务收入比重：研发机构科技活动经费内部支出除以该行业企业主营业务收入。

本章搜集了 2000～2006 年产业层的研究与开发机构的科技活动指标。在计算完以上五个指标的数据后，对该五个指标采用主成分方法的探索性因子分析，产生了特征根大于 1 的因子仅 1 个，特征根为 4.206，因子荷载分别为 0.966、0.980、0.973、0.838、0.814。因此，这五个指标在含义上较为一致，比较适合用于构造研发机构的技术解构这一变量。

因此，紧接着我们对五个指标的数据进行了合成，以得到研发机构技术解构这一变量的数据。即先将原始数据的值等比例转化到 0～5，以消除不同数据指标在量纲和数据尺度不一致的问题；然后对五个等比例转换后的数据求均值。

3.6.2.5　产业层技术解构和重构的数据示例

按照如上测度方式，本章计算了 2000～2006 年制造业各产业的技术解构和技术重构指标数据，详细见表 3.5。

表 3.5　　　制造业各产业 2000～2006 年平均的技术解构和重构情况

二位行业代码	名称	产业内企业技术重构	产业内企业技术解构	其他产业技术解构	研究机构技术解构
13	农副食品加工业	0.251	0.594	0.389	1.342
14	食品制造业	0.736	0.742	0.364	1.335
15	饮料制造业	1.131	0.438	0.399	0.079
17	纺织业	0.828	0.555	0.161	0.234
18	纺织服装、鞋、帽制造业	0.610	1.315	0.161	0.204
19	皮革、毛皮、羽毛（绒）及其制品业	0.410	0.247	0.161	0.145
20	木材加工及木、竹、藤、棕、草制品业	0.862	0.946	0.134	0.810
21	家具制造业	0.785	0.556	0.136	0.144
22	造纸及纸制品业	1.122	0.607	0.136	0.144
23	印刷业和记录媒介的复制	0.821	0.982	0.135	0.776
24	文教体育用品制造业	1.100	0.215	0.138	0.200
26	化学原料及化学制品制造业	1.521	1.348	1.087	1.039

续表

二位行业代码	名称	产业内企业技术重构	产业内企业技术解构	其他产业技术解构	研究机构技术解构
27	医药制造业	2.792	1.835	1.050	2.688
28	化学纤维制造业	1.532	0.542	1.145	0.354
29	橡胶制品业	1.554	0.714	1.131	0.221
30	塑料制品业	1.133	0.927	1.115	0.290
31	非金属矿物制品业	1.074	0.776	0.487	0.448
32	黑色金属冶炼及压延加工业	1.238	0.751	0.316	0.060
33	有色金属冶炼及压延加工业	1.146	1.706	0.316	0.513
34	金属制品业	1.058	0.553	0.317	0.214
35	通用设备制造业	2.498	1.467	0.189	0.614
36	专用设备制造业	2.546	0.699	0.191	2.374
37	交通运输设备制造业	2.727	0.901	0.191	0.214
39	电气机械及器材制造业	3.287	2.124	0.186	0.308
40	通信设备、计算机及其他	2.835	0.973	0.190	0.504
41	仪器仪表及文化、办公用机械制造业	1.784	0.382	0.192	1.755

注：由于烟草制品业（二位行业代码16）和石油加工、炼焦及核燃料加工业（25）具有高度的政府管制和垄断的特征，工艺品及其他制造业（42）在早期年份的数据缺失，这三个行业在后续实证研究中做剔除处理，这里未予以报告。

3.7 结论与讨论

本章选择了一个国内领先的空分设备制造商（杭氧）作为研究对象，开展了一个跨度30年的纵向案例研究，以揭示中国后发企业技术学习过程中的具体机制，提出了一个基于技术解构和重构视角的技术学习分析框架。基于此案例研究，我们还提出了技术解构和技术重构的量化措施，即分别开发了适用于企业层研究的问卷数据搜集及测量的方法，以及适用于产业层研究的二手数据搜集及测量的方法。最后，采用产业层大中型工业企业的科技活动指标数据，对2000~2006年的26个制造业产业的技术解构和重构进行了测量，并报告了测量结果，为后续开展假设检验提供了基础。

本章的主要理论贡献如下。第一，针对追赶情境的特殊性提出的基于技术解构和重构视角的技术学习分析框架，对吸收能力观点在追赶情境下的应用进行了很好的补充。尽管吸收能力观点对于解释追赶中国家的技术学习和能力构建有重要贡献（Cohen & Levinthal，1990），但后发企业与传统西方发达国家企业在创新行为上的巨大差异，使得发展中国家技术追赶经验中出现了许多与吸收能力传统观点不一致的现象。鉴于追赶情境中技术学习表现出大量解构活动和多主体协作的特征，本章提出了基于技术解构和重构视角的技术学习分析框架，填补了以往研究中对技术学习过程机制及其特殊性关注不够的空白。第二，借鉴产业创新系统中多主体的视角，从产业内企业、相关产业和产业内研发机构三类主体的角度，细化了技术解构活动的概念。第三，对技术解构和技术重构这两个核心概念，开发了适用于企业层研究的问卷数据搜集及测量的方法，以及适用于产业层研究的二手数据搜集及测量的方法。

　　本章还存在一些不足和值得未来进一步讨论的地方。首先，关于本章开发的企业层技术解构和重构的量化方法，仅采用了小样本试调研的方式进行修正和完善，未来若开展企业层技术解构和重构的相关研究，则需要进行更大样本的数据收集和检验，并讨论所开发的量表的信度和效度。其次，由于数据可得性的制约，本章对产业层技术解构和重构的测量仅针对二位行业代码的制造业产业，如果条件允许未来研究可以用三位行业代码或四位行业代码进行测量，以便更为深入地刻画产业间在技术解构和重构上的差异。

第4章 子研究2：技术梯度与追赶

4.1 引言

对于新兴经济体中的后发企业而言，要实现技术的追赶，除了自身内部的技术学习外（子研究1讨论的技术解构和重构），还受到外部情境中技术环境的影响。当外部技术完全不可得时，后发企业无法获得西方先进技术企业的技术溢出，更不用谈技术的追赶。而已有研究主要关注技术本身的特征（如技术体制、作为外部知识源的FDI）在产业追赶中的作用，却对产业内技术水平所表现出来的整体上的结构特征重视不够。考虑到新兴经济体追赶情境下技术层次的重要性，本章提出了技术梯度的概念，并对它在追赶中的作用进行了检验。

技术梯度是指一个行业里企业技术水平从低端到高端连续、均匀分布的程度。各个产业在技术梯度上表现出来的差异，会使得各个产业在追赶行为和追赶绩效上表现出不同。一个产业里的技术梯度越连续，意味着对于该产业里越多的企业而言，比自身水平略高但差距不太大的企业有一定数量的存在。当一个行业里的技术梯度越连续时，企业可利用的技术资源就越充分，且利用这些技术资源的难度和成本会更低，从而促进产业的技术追赶。

鉴于以往研究中对技术梯度这一重要的产业技术结构因素的忽视，为填补这一空缺，本章聚焦于技术梯度在技术追赶中的影响机制。产业技术能力的积累以及因此而获得的市场绩效（如市场份额，尤其是长远的市场绩效）是其可获得的资源和机会与技术学习两者相互作用的结果（Lee & Lim，2001）。不同产业的技术梯度连续程度不同，可获得的资源和机会存在差异，这使得其技术学习所获得的追赶绩效不同。因此，本章重点考察技术学习（技术解构和重构）与市场梯度的交互在技术追赶中的影响。

4.2 假设提出

4.2.1 技术解构和重构与追赶绩效

技术解构是组织分解已有技术，从而掌握该技术的架构，并理解其中技术模块的功能甚至原理的过程。它主要强调后发企业通过一些策略性做法以降低技术获取的成本、资源需求以及时间耗费，或者是通过对外部资源的利用来降低吸收外部技术所需要的能力门槛。技术解构对技术追赶的影响，主要通过降低技术门槛和资源投入、借助外部技术能力得到体现。

首先，技术解构可以降低进入门槛，放松资源投入束缚。相较于跨国公司，本土企业无论是在技术上，还是在财务资源上都非常匮乏。由于金融体系不够完善，中国本土企业在获取资金资源上并不容易，尤其是中小型企业（Cai & Tylecote，2008；Gregory & Tenev，2001）。在受到严重资源束缚的情境下，本土企业通过采用技术解构的行为来进行应对。以比亚迪公司为例，比亚迪公司于1995年进入电池制造业，当时从国外引进一条流水线需要上千万元甚至上亿元的资金。于是比亚迪自己动手设计制作关键设备，然后把生产线分解成一个个可以人工完成的工序。自创生产线、将机器还原成人这一中国并不稀缺的要素的做法，硬是把手机电池生产从资本密集型变为劳动密集型，成功破解了该行业的进入门槛（朱瑞博、刘志阳、刘芸，2011）。另外，在质量达到同等标准的情况下，比亚迪将手机电池生产的成本降到了比韩国和日本的竞争者低30%～40%的水平；而且这种半人工半机器的生产设备折旧成本也远低于日韩的竞争者，当时比亚迪的折旧成本大约是3%～4%，而三洋等全自动生产线的折旧成本要达到30%～40%（曾鸣、威廉姆斯，2008）。比亚迪这种以人力居重的自创生产线极具灵活性，这意味着每当捕捉到下游手机企业新的市场需求时，它都可以迅速地调制原有生产线的关键环节，对员工进行相应环节的技术培训，迅速实现新产品的推出。相比较之下，日系厂商的全自动化生产线每一条只能针对特定产品，一旦需要调制，则需要投资新的生产线，涉及大量资金的投入；而且自动化生产线的调整耗时长，不像比亚迪那样只需调整关键环节人员就可以上线（曾鸣、威廉姆斯，2008）。

其次，技术解构过程有利于充分发挥和利用上下游相关产业的技术能力以及研发机构的技术能力，以帮助自身消化吸收技术，从而加速企业的技术追赶。上游部件或系统供应商往往同时与许多企业（本土企业或国际领先企业）有着各种不同类型的关系，它们能起到技术中介的作用，将从其他客户企业那里掌握的知识传递过来，甚至帮助解决困扰焦点产业企业的技术难题（Malerba & Nelson，2011）。而技术先进的用户在发现问题和解决问题上的能力能够有效提升其下游制造商的技术竞争力。即便用户企业技术水平不高，也可以通过扮演产品测试者、技术代理的角色发挥促进作用（Chen，2009）。而大学和研究机构往往通过扮演技术守门员或者技术支持者的角色，帮助产业内企业消化吸收外部技术，进而实现技术追赶。

技术重构是组织重组已有技术从而产生技术创新的过程（Carnabuci & Operti，2013）。对于后发企业而言，它强调在产品和技术发展中将来自不同外部来源的技术专长与企业内部自身的技术专长加以整合，进而针对特定的市场需求进行技术的本土化发展，从而更好地利用市场中所蕴含的机会。对于后发企业而言，要突破后发劣势，需要充分利用自身所拥有的互补资产。本土企业应充分利用自身对本土市场所掌握的隐性知识以及分销或营销资源，针对本土市场进行技术重构，获取技术追赶的机会。中国的本土市场是一项宝贵的战略资源，它不仅能为中国企业和工业的技术能力和组织能力提供成长的空间，也能为源于本土创新的新技术和新工业提供发展的可能性（路风、慕玲，2003；朱瑞博、刘志阳、刘芸，2011）。大量的企业案例如吉利、比亚迪、华为都证明了企业基于本土市场的技术重构能为后发企业实现赶超提供巨大的助力。

基于以上论述，本章提出以下假设。

假设 1：技术解构正向影响追赶绩效。

假设 2：技术重构正向影响追赶绩效。

4.2.2　技术梯度与追赶绩效

技术梯度是指一个行业里企业技术水平从低端到高端连续、均匀分布的程度。一个产业里的技术梯度越连续，意味着对于该产业里越多的企业而言，比自身水平略高但差距不太大的企业有一定数量的存在。产业的技术梯度程度，会对该产业的追赶行为和追赶绩效产生影响。

首先，产业里现有的资源条件会影响到企业积累资源的速度和效率，进而对产业技术追赶产生影响。当一个行业里的技术梯度越连续时，企业可利用的技术资源就越充分，且利用这些技术资源的难度会更低。技术资源的获取途径主要包括：非正式的学习、技术许可、战略联盟和共同开发等。以中国这样的大型新兴经济体为例，大量外资企业的涌入，延长了其所在产业技术阶梯中更高端的环节。外资企业的技术、产品和管理实践，通过各种正式或非正式的途径被暴露在本土企业的视野里，增加了本土企业从中学习的空间。充分的技术资源使得企业的技术学习更容易成功，获得好的创新绩效。此外，技术梯度越连续，越利于企业消化吸收外部先进技术，并加以利用。一个产业里的技术梯度越连续，企业越可以受益于技术的溢出，且不会受到技术差距过大导致的负面效应的影响。技术差距代表了后发者可以从技术领先的企业那里学习的空间。适当的技术差距可以增加知识的溢出，促进本土企业的进步（Findlay，1978；Wang & Blomström，1992）。但如果技术差距过大，会对本土企业的学习构成障碍。例如，哈达德和哈里森（Haddad & Harrison，1993）指出，大的技术差距会阻碍 FDI 的技术溢出。在一个给定的产业或者技术领域里，后发企业往往需要跨过一道技术门槛才能去追赶那些技术领先的企业（Jang et al.，2009；Perez & Soete，1988）。若技术差距过大，甚至会导致后发企业无法消化、吸收和使用那些技术领先者的技术。计划经济时代发展起来的国家科学研究系统，以及技术水平相对更高的国有企业的存在，均使得相应产业里的技术梯度更为连续，从而降低了相应产业的学习门槛。

其次，对于发展中国家而言，追赶情境中机会的存在与否和多寡，对于其实现能力提升和技术追赶是至关重要的。一方面，企业实现能力积累和提升的过程本身是一个不断积累的、不断试错的过程，机会的存在为这种必不可少的试错过程提供了前提与可能。另一方面，因为发展中国家的本土企业面临着来自具有更尖端技术和更好的管理实践基础的跨国公司的竞争压力，本土企业也需要充足的时间和必要的机会条件，使得其能熬过最初的能力积累阶段，并逐步开始从这一学习过程中收获相应的回报。而一个产业里的技术梯度越连续，企业越容易获得参与到产业价值链中去的机会，并更容易实现盈利。

最后，技术梯度能促进交易成本（尤其是搜寻成本）的降低，使得存在技术和资源不足等后发劣势的本土企业更容易以低成本寻求到外力的帮助。在技术梯度连续的产业中，对于该产业内的大多数企业而言，在自身和国际技术领先的企业（往往是跨国公司）之间往往还存在着许多技术中等或中高等的企业与研发机构。当企业因为技术差距较大，而使得消化吸收外资企业的技术较为困难时，企业可以很容易地搜寻到外部的技术水平比自身要高的其他主体的帮助。这些与国际技术领先的企业差距不太大的主体的存在，使得消化吸收那些领先技术变得不再那么困难，从而大大降低了企业学习领先技术的门槛。

因此，本章提出以下假设。

假设 3：行业技术梯度越连续，追赶绩效越高。

4.2.3　技术解构和重构与技术梯度的交互

技术解构指后发企业通过一些策略性做法以降低技术获取的成本、资源需求以及时间耗费，或者是通过对外部资源的利用来降低吸收外部技术所需要的能力门槛。它主要通过降低技术门槛和资源投入、借助外部技术能力来促进技术追赶。而当一个行业里的技术梯度较连续时，企业可利用的技术资源会更充分，从而更有利于企业开展技术解构活动，并对外部技术消化吸收后加以利用。而且，在这样的产业里，企业更容易获得参与到产业价值链中去的机会，并且能以更低的成本搜索到外部技术能力的帮助，从而更容易实现盈利，进而以更快和更高效的方式积累资源以支持技术的发展。相反，如果行业内技术梯度不连续，对于处于某个技术水平的企业而言，就更难从外部寻找到技术水平比自身略高的企业或研发机构，或者搜寻的成本很高，那即便同样地付出大量技术学习以进行技术解构，仍然不容易实现技术的追赶。

对于后发企业而言，技术重构强调在产品和技术发展中将来自不同外部来源的技术专长与企业内部自身的技术专长加以整合，进而针对特定的市场需求进行技术的本土化发展，从而更好地利用市场中所蕴含的机会。产业技术梯度越连续，外部可供整合的技术资源越丰富，企业的技术重构能力越容易得到充分的发挥，进而促进技术追赶。因为当后发企业进入一个行业时，可以很容易地获得先进技术，购买相关的自己不能完成的模块，迅速在自己的优势领域实现盈利。很多情况下，即便后发企业尚未获得一套完整解决方案的必要技能，它们仍然可以依靠整合外部相关技术，进行新产品的开发。

基于以上论述，本章提出以下假设。

假设4：行业技术梯度越连续，技术解构对追赶绩效的正向作用越强。

假设5：行业技术梯度越连续，技术重构对追赶绩效的正向作用越强。

4.2.4 区分两种类型的追赶绩效

在以往关于追赶主题的定量研究中，对追赶绩效和创新绩效往往不明确区分。创新绩效很大程度上反映了企业当下所取得的创新成绩，但不能完全反映企业的追赶情况，尤其是不能反映出与已有领先企业的差距是否在缩小。陈爱贞、刘志彪、吴福象（2008）指出，本土企业自身技术水平的提升并不一定意味着其与跨国公司的技术差距的缩小。相反，如果跨国公司的技术水平以更快的速度提升，可能会进一步挤压本土企业的市场空间，从而削弱本土企业技术升级的支撑。所以为了衡量追赶的绩效，而不是创新绩效，帕克和李昆（2006）在使用美国专利数据分析国家或地区之间（韩国和中国台湾地区）的追赶时，就采用了技术能力的增量来反映追赶，如在某类技术领域中一个国家的专利份额从无到有，或从有到更高。

考虑到生产率水平的提升对于经济追赶的重要作用，本章与荣格和李昆（2010）的研究一样，从生产率的角度来研究追赶。本章将着重关注"追赶"的绩效，也即追赶的速度，尤其是相对领先企业差距的缩小。具体而言，本章着重讨论两种类型的追赶绩效：（1）相对自身过去的技术水平而言，焦点产业的本土企业整体上是否在以更快的速度提升技术水平？（2）相对同行业的三资企业（简称外企）而言，焦点产业的本土企业整体上是否在以更快的速度缩小与外企的技术水平差距？

对本章的概念模型进行总结，见图4.1。

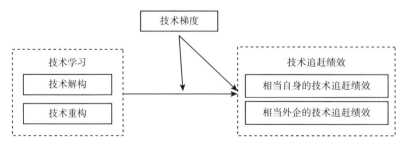

图4.1 子研究2的概念模型

4.3　研究方法

首先，说明了本章的样本选择与数据搜集情况；其次，对各个变量的测度和数据处理进行了阐述；最后，交代了数据的分析方法。

4.3.1　样本选择与数据收集

4.3.1.1　产业选择

鉴于制造业的技术追赶在国家经济发展中的重要地位，本章以制造业的各个产业作为研究对象，搜集并整理了中国制造业的各个二位行业代码的产业层数据，基于此对研究提出的假设进行检验。中国制造业下细分了 29 个二位代码的行业，具体见表 4.1。由于烟草制品业和石油加工、炼焦及核燃料加工业具有高度的政府管制和垄断的特征，工艺品及其他制造业在早期年份的数据缺失，这三个行业予以剔除。

表 4.1　　　　　　　按二位行业代码细分的 29 个中国制造业行业

二位行业代码	名称	是否选取
13	农副食品加工业	√
14	食品制造业	√
15	饮料制造业	√
16	烟草制品业	×
17	纺织业	√
18	纺织服装、鞋、帽制造业	√
19	皮革、毛皮、羽毛（绒）及其制品业	√
20	木材加工及木、竹、藤、棕、	√
21	家具制造业	√
22	造纸及纸制品业	√
23	印刷业和记录媒介的复制	√
24	文教体育用品制造业	√
25	石油加工、炼焦及核燃料加工业	×

续表

二位行业代码	名称	是否选取
26	化学原料及化学制品制造业	√
27	医药制造业	√
28	化学纤维制造业	√
29	橡胶制品业	√
30	塑料制品业	√
31	非金属矿物制品业	√
32	黑色金属冶炼及压延加工业	√
33	有色金属冶炼及压延加工业	√
34	金属制品业	√
35	通用设备制造业	√
36	专用设备制造业	√
37	交通运输设备制造业	√
39	电气机械及器材制造业	√
40	通信设备、计算机及其他	√
41	仪器仪表及文化、办公用机械制造业	√
42	工艺品及其他制造业	×

本章采用二位行业代码细分的产业作为研究对象，使得数据样本的数量（相对三位和四位行业代码细分）相对有限。一方面，这是受制于科技统计指标数据的瓶颈。由于本章研究关注技术的追赶，涉及的许多核心变量需要采用科技统计指标来构造，这些数据主要源于《中国科技统计年鉴》。该年鉴的行业层数据依据二位行业代码的细分行业进行发布，因此，本章研究的数据主体只能代表二位行业代码细分的各制造业行业。另一方面，这种相对粗分类的行业对于本章的研究问题而言，问题并不严重。因为本章在探讨产业技术解构时，不仅关注产业内企业的技术解构，还关注研发机构的技术解构行为，而产业内研发机构的技术解构对特定产业大类里的各个细分产业（如三位代码行业）而言是同质的。

4.3.1.2　数据来源

本章研究构造了中国制造业 26 个产业 2001 ~ 2007 年的面板数据。数据主要有以下四个来源：《中国统计年鉴》《中国科技统计年鉴》《中国工业企业数据库》《中国工业产品产量数据库》。《中国工业企业数据库》是中国国家统计局年度统计的工业企业的企业层数据，而《中国统计年鉴》和《中国科技统计年鉴》是国家统计局根据这些企业层数据按照行业或地区（省份）整合后发布的统计数据（Park & Lee，2006）。《产品产量数据库》则是工业企业在各类工业产品（工业产品目录上的产品代码）上的产量数据。工业企业数据库制造业样本数见表 4.2。

表 4.2　　　　　　　　　　　工业企业数据库制造业样本数

年份	总企业数	制造业企业数 行业代码 [13, 42]
2000	162885	141461
2001	171256	150622
2002	181557	160634
2003	196222	180130
2004	279092	255174
2005	271835	250377
2006	301961	277226

《中国统计年鉴》和《中国科技统计年鉴》的数据被广泛应用于学术研究，尤其是《中国科技统计年鉴》因其丰富的科技指标被广泛运用于技术创新这一领域的学术研究中。柳卸林和怀特（1997）采用 1989～1993 年制造业29 个产业的数据对研发投入和技术引进在新产品绩效中的作用进行了实证。郭斌（Guo，2008）用中国制造业产业层 1996～2001 年的数据，分析并检验了内部研发、国外技术转移、国内技术转移和产业间的研发溢出这四种技术获取渠道对产业创新绩效和生产率的影响。孙逸飞和杜德斌（Sun & Du，2010）采用 2004 年《中国经济普查年鉴》的产业层数据检验了内部研发、国外技术转移、国内技术转移和出口对新产品绩效和专利这两类创新绩效的影响。采用年鉴数据开展的技术创新主题的学术研究，除了以上产业层实证外，还有许多区域层（省份）的研究。这类研究由于受制于年鉴数据的特性，使得用这些数据可检验的研究问题大多聚焦于检验各类创新投入（如研发投入、技术转移等）对创新产出（如新产品、专利等）的影响及彼此间的相对重要性。

中国工业企业数据库样本量大，正越来越广泛地被运用到学术研究中。

帕克和利兹（Park & LiTse，2006）采用中国工业企业数据库和《中国统计年鉴》1992～1996 年的数据对市场自由化（控制的分权、所有制转型和产业政策）对企业绩效的影响进行了实证。采用 1998～2005 年的工业企业数据，张海金和徐丁（Chang & Xu，2008）对三种关系（外资企业和本土企业之间，外资企业与外资企业之间，本土企业和本土企业）中的溢出效应和竞争效应进行了实证。张海金、钟嘉浩和穆恩（Chang，Chung & Moon，2013）采用 1998～2006 年的数据从外资企业的角度实证检验得出：在无形资产比重很高的产业里，合资转变成全资的子公司绩效胜过持续合资的企业。采用 2001～2005 年的信息通信技术（ICT）行业里的企业数据，瞿哲等（Qu et al.，2012）用本城市内跨国公司（multinational enterprise，MNE）的研发强度、本省内的 MNE 的研发强度、本省外的 MNE 的研发强度来衡量本土企业的学习容易程度，并检验其对本土企业的研发强度的影响。尽管《工业企业数据库》有着大样本的企业层数据，但因为其只提供包括工业增加值、工业总产值、工业销售产值等主要技术经济指标和主要财务成本指标，以及从业人员、工资总额等在内的企业基本指标，而不对外提供科技指标，使得采用该企业层数据可开展的研究主题非常有限。

4.3.1.3 数据指标

本章最终的样本为 26 个产业跨越 7 年的面板数据。相对于单独的横截面数据或时间序列数据，面板数据（也即截面时序数据）具有控制不可预测的个体效应和时间效应的影响、增加观测样本量、削弱多重共线性的影响和降低估计误差等优点。作为一个产业层的研究，本章创造性地使用《中国工业企业数据库》和《中国工业产品产量数据库》，用企业层的数据构造了一些产业层的特征变量技术梯度和市场梯度。由于《中国工业产品产量数据库》只有 2000～2006 年的数据，最终本章采用的面板数据也只能是该 7 年数据，即解释变量采用 2000～2006 年的数据，而被解释变量延迟一年即为 2001～2007 年。

本章主要从《中国统计年鉴》《中国科技统计年鉴》《中国工业企业数据库》《中国工业产品产量数据库》这四个来源搜集了以下数据指标，见表 4.3。数据搜集的年份为 2000～2007 年。统计上对规模以上企业和大中型企业的划定标准在 2011 年发生了很大的变动，但本章研究的时间跨度不受到其影响。在本章研究的时间跨度内，规模以上工业企业是指年主营业务收入在

500 万元及以上的法人工业企业；大中型工业企业是指从业人员数 300 人以上，销售额 3000 万元以上，且资产总额 4000 万元以上的工业企业。

表 4.3　　　　　　　　　　**四种数据来源的主要数据指标**

数据来源	统计对象	数据层次	本章研究采用数据指标
《中国统计年鉴》	规模以上企业	产业层	工业总产值、工业增加值、年末从业人数、应交增值税、资产、投入产出表
《中国科技统计年鉴》	大中型企业、研究开发机构	产业层	对大中型企业，科技活动经费内部支出、技术引进经费支出、消化吸收经费支出、购买国内技术经费支出、主营业务收入、发明专利申请数、科技活动经费占主营业务收入比重、新产品销售收入占主营业务收入比重、年末从业人员等；对研究与开发机构，从业人员、从事科技活动人员、科学家和工程师、经费内部支出总额等
《中国工业企业数据库》	规模以上企业	企业层	企业法人代码、工业总产值（现价）、工业增加值、年末从业人数
《中国工业产品产量数据库》	规模以上企业	企业层、产品层	企业法人代码、产品代码、年度产量

作为一个产业层的研究，各变量的数据应该反映该产业的整体情况。尽管年鉴数据和工业企业数据均是针对规模以上及其中的大中型企业，未包含规模以下的企业，但借助于这些数据来构造产业层的变量仍然有其合理性。首先，这是由大企业在整个国家或其所在产业的技术追赶过程中所扮演的重要角色决定的。在发展中国家的经济追赶过程中，作为政府实施技术追赶的重要工具，大企业（通常也是行业的领头企业）扮演着重要的角色，它们在技术追赶过程中所付出的努力和取得的成果，在很大程度上决定了也代表了整个国家在这个行业所进行的技术追赶的努力和结果。而且，大企业在追赶过程中所掌握的技术、经验和能力，也会通过各种渠道（如反向工程、示范效应、人员流动、技术转移等）扩散到中小企业，从而对整个国家创新系统产生影响。其次，以科技指标（如科技经费）等为例，除大中型企业之外的企业（小型或微型）在科技上的投入相对整个产业的总量而言比例非常之低，也使得大企业的科技数据已经可以反映制造业各个产业的科技情况。

此外，从统计对象上看，《中国科技统计年鉴》数据的统计对象与其他来源略有差异，大中型企业的范围比规模以上企业的范围略小（少了一部分小企业）。但这对于本章的研究问题而言影响并不大。因为小企业在科技活动经费上的投入在整个产业的投入中的比重非常低，因此，大中型企业科技情况的数据很大程度上已经代表了整个产业的情况。

4.3.2 变量测度与数据处理

本章研究涉及的变量分为以下四块。（1）被解释变量：技术追赶。有两种测度方式，分别衡量相对自身的技术追赶和相对外企的技术追赶。（2）反映技术学习的解释变量：技术解构和技术重构。其中，技术解构依据产业内主体不同细分为：本产业内企业的技术解构（简称解构）、相关产业里企业的技术解构（简称其他产业解构）、本产业内研发机构的技术解构（简称研发机构解构）三种类型。在子研究1中，已经进行了专门讨论，此处不再进行详细说明。（3）反映技术情境的解释变量：技术梯度。（4）控制变量：市场梯度、技术复杂性、行业竞争程度、行业企业平均规模、行业人均固定资产情况。其中，根据被解释变量的不同，行业人均固定资产情况被分为行业人均固定资产和行业人均固定资产（相对外企）差距两种类型，分别对应对自身的技术追赶和相对外企的技术追赶。

在这些变量中，行业的技术梯度和市场梯度是用企业层数据来构造的产业层变量。其他均直接使用产业层数据。除了被解释变量后推一年（t+1）外，所有解释变量搜集2000~2006年的数据。所有涉及金额的指标用《中国统计年鉴》发布的工业品出厂价格指数进行转化处理，以消除通货膨胀因素的影响。

4.3.2.1 被解释变量：技术追赶

本章采用劳动生产率的提升来衡量技术的追赶。具体而言，细分了两类追赶：（1）相对于自身去年的劳动生产率水平，本年劳动生产率提升的量；（2）相对于去年内资与外资之间的劳动生产率水平差距，本年内资与外资之间的劳动生产率水平差距缩小的量。对这两种类型进行区分，是因为本土企业自身技术水平的提升并不一定意味着其与跨国公司的技术差距的缩小。相反，如果跨国公司的技术水平以更快的速度提升，可能会进一步挤压本土企业的市场空间，从而削弱本土企业技术升级的支撑（陈爱贞、刘志彪、吴福象，2008）。劳动生产率为工业增加值除以年末从业人数。由于劳动生产率数值较大，本章在计算追赶绩效前均做了取自然对数的处理。

由于《中国统计年鉴》给出的数据只针对规模以上企业和三资企业，没有针对内资企业给出数据。内资制造业产业的变量数据可由整个产业企业相应变量数据减去该产业内三资企业相应变量数据得到。技术追赶的测量和数据来源见表4.4。

表4.4 技术追赶的测量和数据来源

变量	测度	涉及指标	来源及年份
相对自身的技术追赶	对内资企业，用 t 年的劳动生产率减去 t−1 年的劳动生产率	对规模以上企业和三资企业：工业增加值、年末平均从业人数	《中国统计年鉴》2000 ~ 2007 年
相对外企的技术追赶	用 t 年内资与三资企业之间劳动生产率差距，减去 t−1 年内资与三资企业之间劳动生产率差距		

4.3.2.2 解释变量：技术梯度

技术梯度旨在反映当一个产业内企业按照其技术水平依次从低到高升序排列后，该产业内各企业技术水平分布的梯度情况。如各企业的技术水平分布较为连续、均匀，则梯度高；若大量企业集中于个别技术水平区段，而在另一些区段的企业数非常少，则表现为梯度低。本章对赫芬达尔指数（"Her-findahl-Hirschman Index"）的计算方法进行调整后用于测度产业内技术（或市场）梯度。赫芬达尔指数通过计算一个行业中各市场竞争主体所占行业总收入或总资产百分比的平方和，来反映市场中厂商规模的集中度（Acar & Sankaran，1999）。若这些市场竞争主体的规模差异小，也即各个竞争主体的市场（收入或资产）份额比重均非常接近，则表明集中度低，该指数取值较小；而另一个极端情况是，市场中只有一个竞争主体，那么该指数取值为1，集中度最高。

技术梯度这一变量的测量采用的数据来自《中国工业企业数据库》中的企业层数据。对于每个企业法人，其产业代码为四位行业代码，该代码的前两位是产业大类，对应本章研究的二位行业代码。对每个产业内所有企业的企业层数据进行整合计算得出该产业的技术梯度的值。

借鉴赫芬达尔指数计算产业集中度的思路，本章计算技术梯度的方法如下。（1）计算每个企业的技术水平，即劳动生产率（工业增加值/年末从业人数），并对每个产业内所有企业按照其技术水平依次从低到高升序排列。（2）按照产业内企业技术水平的跨度区间，设定一个技术水平取值的跨度区域：[a，b]。（3）将该区域划分为跨度均等的 k 个连续区间，每个区间的跨度为（b−a）/k。（4）对分别落在这连续的 k 个区间里的企业数量进行统计，得到每个区间内的企业数量 N_1，N_2，…，N_k。计算每个区间内的企业数量的比重，即 $R_i = N_i / \sum_{1}^{K} N_j$。（5）对该 K 个比率数据（$R_i$）采用赫芬达尔指数的算法计算分散度，也即 $1 - \sum_{1}^{k} R_i^2$。本章将 k 取值为 10。也就是说，将每个产业内企业的技术水平划分为 10 个均等的段落（区间），进而统计所有企业在这 10 段中的分布。根据 10 个区段内分布所拥有的企业数量的比重来计算分散度，从而反映该产业的技术梯度。

对于第二步中设定技术水平取值的跨度区域 [a，b]，关于该区段的具体取值有多种操作方法。最直观的处理方法是根据焦点产业内所有企业技术水平的最小值和最大值来确定，也即在后续计算中，所有企业都作为样本纳入以计算技术梯度的值。但这一处理方式的一个弊端是，容易受到异常值的影响。例如，当出现了一家企业的技术水平异常高，这会使得最大值的值特别大，导致均等划分的 k 个区间中的最后面的一个或多个区间中出现的企业数很少，甚至为 0；相反，当出现了一家企业的技术水平异常低，这会使得最小值的值特别小，导致均等划分的 k 个区间中的最前面的一个或多个区间中出现的企业数很少，甚至为 0。巴拉苏布拉曼尼亚和利伯曼（Balasubramanian & Lieberman，2010）在计算行业内企业绩效异质性时，采用企业绩效水平处于 90 百分位与处于 10 百分位的绩效水平差距来测量，以避免异常值带来的影响。本章借鉴此种做法，同时为了保留尽可能多的样本数以测度技术梯度，将 [a，b] 区间设定为 [5 百分位值，95 百分位值]。为了验证本书研究结论的稳健性，本章同时也按照 [1 百分位值，99 百分位值]、[10 百分位值，90 百分位值] 进行了计算。三种算法下的技术梯度，分别记录为"技术梯度$_{5\sim95}$"（用 [5 百分位值，95 百分位值] 计算），"技术梯度$_{1\sim99}$"（用 [1 百分位值，99 百分位值] 计算），"技术梯度$_{10\sim90}$"（用 [10 百分位值，90 百分位值] 计算）。"技术梯度$_{5\sim95}$"与"技术梯度$_{1\sim99}$"相关系数为 0.7987，"技术梯度$_{5\sim95}$"与"技术梯度$_{10\sim90}$"相关系数为 0.9625，"技术梯度$_{5\sim95}$"与"技术梯度$_{1\sim99}$"相关系数为 0.7725，显著性水平均为 0.0000。表 4.5 报告了

2000～2006 年制造业各产业平均的技术梯度情况，图 4.2 报告了 2000～2006 年制造业平均技术梯度的变化趋势。

表 4.5　　　　　　　**2000～2006 年制造业各产业平均的技术梯度情况**

二位行业代码	名称	技术梯度 1～99	技术梯度 5～95	技术梯度 10～90
13	农副食品加工业	0.656	0.790	0.843
14	食品制造业	0.627	0.778	0.840
15	饮料制造业	0.591	0.784	0.845
17	纺织业	0.645	0.809	0.853
18	纺织服装、鞋、帽制造业	0.617	0.804	0.852
19	皮革、毛皮、羽毛（绒）及其制品业	0.497	0.744	0.822
20	木材加工及木、竹、藤、棕	0.682	0.813	0.856
21	家具制造业	0.678	0.817	0.858
22	造纸及纸制品业	0.675	0.824	0.864
23	印刷业和记录媒介的复制	0.643	0.796	0.852
24	文教体育用品制造业	0.636	0.813	0.859
26	化学原料及化学制品制造业	0.582	0.783	0.840
27	医药制造业	0.645	0.789	0.840
28	化学纤维制造业	0.665	0.813	0.855
29	橡胶制品业	0.656	0.812	0.854
30	塑料制品业	0.653	0.798	0.846
31	非金属矿物制品业	0.632	0.793	0.843
32	黑色金属冶炼及压延加工业	0.609	0.800	0.853
33	有色金属冶炼及压延加工业	0.586	0.761	0.824
34	金属制品业	0.607	0.783	0.839
35	通用设备制造业	0.625	0.801	0.852
36	专用设备制造业	0.626	0.788	0.847
37	交通运输设备制造业	0.618	0.792	0.847
39	电气机械及器材制造业	0.658	0.805	0.852
40	通信设备、计算机及其他	0.560	0.750	0.823
41	仪器仪表及文化、办公用机械制造业	0.504	0.735	0.812

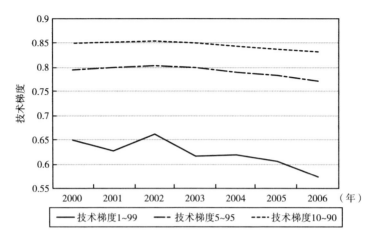

图 4.2　2000～2006 年制造业平均技术梯度的变化趋势

4.3.2.3　控制变量

与技术梯度概念类似，市场梯度这一市场结构因素被作为控制变量，以控制该市场情境变量的影响。市场梯度反映了当一个产业内企业按照其产品价格水平依次从低到高升序排列后，该产业内各企业的产品价格水平分布的梯度情况。与技术梯度的计算方法一样，我们对产业内企业的产品价格（产值除以产量得到）分布情况计算分散度，其中，产值数据来自《产品产量数据库》，产值数据来自《工业企业数据库》，详细处理方法和步骤见第 5.3 节。

除此之外，我们还对行业技术复杂性、行业竞争程度、行业企业平均规模和人均固定资产的影响进行了控制。在后发企业的技术追赶中，技术的复杂性会影响企业的学习难易程度，进而对追赶的绩效产生影响。而行业竞争程度会影响行业内企业的技术学习动力、创新的策略以及资源获取的难易度，因而会对技术追赶产生影响。行业内企业的平均规模一定程度上反映了该产业实现规模经济所需的规模，对该产业企业的进入门槛有重要影响，进而影响技术追赶（刘小玄，2003）。除此之外，由于被解释变量用劳动生产率构造，为了控制固定资产投资对劳动生产率的影响，我们对行业人均固定资产也进行了控制。具体而言，当被解释变量为相对（内资企业）自身的技术追赶时，对产业内内资企业的人均固定资产进行控制；当被解释变量为相对外企（三资企业）的技术追赶时，对产业内内资企业和三资企业的人均固定资产差距进行控制。具体测量方式见表 4.6。

表4.6　　　　　　　　子研究2控制变量的测量和数据来源

变量	测度	涉及指标	来源及年份
技术复杂性	微电子设备原值/主营业务收入	微电子设备原值、主营业务收入	《中国统计年鉴》《中国科技统计年鉴》2000~2006年
竞争	企业数的自然对数	行业内企业数	
行业企业平均规模	年末从业人数/企业数	行业年末从业人数	
内资企业人均固定资产	行业内内资企业固定资产/年末从业人数	行业规模以上企业的固定资产净值年平均余额、行业规模以上企业（三资）企业的固定资产净值年平均余额	
内资与外资企业人均固定资产差距	行业规模以上企业的人均固定资产—行业规模以上（三资）企业的人均固定资产		

4.3.3　数据分析方法

本章采用STATA软件进行面板数据分析。面板数据分析面临着对固定效应模型、随机效应模型还是混合最小二乘模型进行选择的问题。模型选择的标准如下：（1）固定效应模型还是混合最小二乘模型。固定效应模型假定个体间存在显著差异，若个体间（也即组间）的差异不明显，可直接采用混合最小二乘模型进行估计。固定效应模型回归给出的F统计量，就是对选择固定效应模型还是混合最小二乘模型的选择进行判断，若显著（经验值标准为0.05）则表示固定效应模型比混合最小二乘模型更适合。（2）随机效应模型还是混合最小二乘模型。通过进行布吕希和帕甘－拉格朗日乘数法（Breusch, Pagan Lagrangian multiplier, BP－LM）检验来判断（Breusch & Pagan, 1980)，若显著（小于0.05）则拒绝原假设，表明存在随机效应。（3）固定效应模型还是随机效应模型。Hausman检验通过检验固定效应与其他解释变量是否相关作为筛选固定效应和随机效应模型的依据，若拒绝了原假设，则表示固定效应模型优于随机效应模型。除了模型选择，还需要对数据是否存在异方差、序列相关和横截面相关进行检验并处理。为应对固定效应模型中的异方差和自相关的问题，可以采用以德里斯科尔－克雷（Driscoll-Kraay）方法估计标准误差的固定效应模型（Driscoll & Kraay, 1998)。

本章的回归分析采用多元层级回归。在模型1中，放入核心解释变量和控制变量进行回归；模型2在模型1的基础上增加技术解构这一核心变量（3

个指标）与调节变量技术梯度的乘积项进行回归；模型 3 在模型 1 的基础上增加技术重构这一核心变量与调节变量技术梯度的乘积项进行回归；模型 4 则将所有解释变量和所有与调节效应相关的乘积项放入进行回归。

为了检验结果的稳健性，本章对核心变量"技术梯度"采用新的测量方式进行计算，然后同样进行如上的回归分析，并将其结果跟本章的研究结论进行对比，以确定结论是否稳健，详细见第 4.4.4 小节。

4.4　研究结果

4.4.1　描述性统计与相关分析

表 4.7 展示了子研究 2 的描述性统计和相关系数。变异系数的计算方式为标准差除以均值，它可以消除计量单位和均值差异的影响，用来比较不同数据的离散程度。通过对表 4.7 中数据简单计算可知，相对外企的技术追赶变异系数（257%）要远高于相对企业自身的技术追赶变异系数（43%），这意味着从缩小与外资企业的技术差距的角度来看，不同产业间表现出更大的差异。而相对自身（上一年度）的技术水平提升，不同产业间表现出的差异要小一些。在技术解构和技术重构的多个指标中，研发机构解构的变异系数最大（122%），意味着不同产业间在研发机构的技术解构上表现出很大的差异。

从相关系数矩阵中可以看出，技术解构和技术重构存在相对较高程度的相关（0.38），这与实际情况较为符合。在实践中，企业的这两种行为确实也是紧密联系在一起的。关于技术解构依据不同主体划分的三种类型，产业内企业技术解构、产业间企业技术解构和研发机构的技术解构表现出很大的区分度。

4.4.2　多重共线性、异方差和序列相关检验

从表 4.7 中的相关系数矩阵可以看出，最高相关系数为 0.45。在相对自身的技术追赶回归模型中，包含时间虚拟变量在内的所有解释变量，方差膨胀因子为 1.35～2.45 不等。在相对外企的技术追赶的回归模型中，方差膨胀因子为 1.26～2.71 不等。方差膨胀因子均远低于 10 这一常用的经验标准。这说明本章研究不存在严重的多重共线性问题。

表 4.7

子研究 2 描述性统计与相关系数

变量	均值	标准差	最小值	最大值	1	2	3	4	5	6	7	8	9	10	11
1 相对自身的技术追赶	8.49	3.66	-10.76	11.33											
2 相对外企的技术追赶	0.07	0.19	-1.76	1.20	0.32***										
3 技术复杂性	0.05	0.05	0.00	0.31	0.11	0.03									
4 行业竞争	6.47	0.78	4.26	7.93	0.14†	0.02	-0.09								
5 行业平均规模	6.94	0.40	5.99	8.62	0.05	-0.03	-0.10	0.04							
6 行业人均固定资产	1.90	0.54	0.81	3.30	0.14†	-0.12	0.39***	0.15†	0.26***						
7 行业人均固定资产差距	-0.46	0.41	-1.35	1.56	-0.24**	-0.21**	-0.24**	-0.24**	0.10	-0.40***					
8 重构	1.44	0.86	0.16	3.86	0.03	0.02	0.06	0.36***	0.09	0.20**	-0.14†				
9 解构	0.88	0.75	0.00	4.35	0.15*	0.03	0.10	0.25***	0.00	0.21**	-0.01	0.38***			
10 其他产业解构	0.40	0.37	0.08	1.38	0.15*	-0.01	0.30***	0.01	-0.04	0.45***	-0.20**	0.10	0.15†		
11 研发机构解构	0.65	0.80	0.00	3.93	-0.10	0.13†	-0.12	0.05	-0.29***	0.02	-0.02	0.28***	0.04	0.08	
12 技术梯度	0.79	0.03	0.69	0.87	0.16*	-0.05	0.20**	-0.24**	-0.11	-0.04	-0.30***	-0.05	0.05	0.05	-0.17*

注：† 表示 p<0.1，* 表示 p<0.05，** 表示 p<0.01，*** 表示 p<0.001。

从表4.8中可以看到，在相对自身的技术追赶的回归模型中，固定效应 F 统计量、随机效应 BP – LM 检验和豪斯曼（Hausman）检验的结果均显示固定效应模型更为适合。佩萨兰（Pesaran）检验显示不存在截面相关的问题。但伍德里奇（Wooldridge）检验和修正的沃德（Wald）检验分别显示存在序列相关和组间异方差的问题。因此，我们采用使用 Driscoll & Kraay 标准差的固定效应模型进行回归（Driscoll & Kraay，1998）。

从表4.9中可以看到，在相对外企的技术追赶的回归模型中，模型选择仍为固定效应模型。且不存在序列相关和截面相关的问题，但仍旧存在组间异方差的问题，因此，采用 Driscoll & Kraay 标准差的固定效应模型进行回归。

4.4.3 回归分析结果

以相对自身的技术追赶作为被解释变量的回归分析结果，见表4.8。固定效应模型的 R^2 指组内 R^2，四个模型的 R^2 分别为 0.3694、0.4027、0.3730 和 0.4160，均表现出很好的拟合度。在以相对外企的技术追赶作为被解释变量的回归分析结果中，四个模型的 R^2 分别为 0.3640、0.4640、0.3653 和 0.4774，详细见表4.9。

从回归结果可以看出，技术解构和技术重构对于技术追赶有着不同的影响。而且，对于相对自身的技术追赶和相对外资的技术追赶这两种类型的追赶而言，技术学习和技术梯度产生的影响也不同。即便技术重构或技术梯度使得某产业相对自己的过去而言以更快的速度提高技术水平，也不能保证本土企业与外资企业的技术水平差距能够缩小。

具体来讲，主效应方面，本章研究发现，技术解构对于相对自身的技术追赶作用并不明显。仅当行业内技术梯度较高时，研发机构的正向作用才能发挥出来。但技术解构（产业内企业的技术解构和研发机构的技术解构）对相对外企的技术追赶起着正向作用。技术重构有利于相对自身的技术追赶，但不利于相对外企的技术追赶。这说明技术重构虽然使得本土企业相对自己的过去而言以更快的速度提高技术水平，但这种提升的速度并不能超过外资企业的提升速度，因而表现出差距的增大。此外，技术梯度能明显促进产业内本土企业以更快的速度提升技术水平，却不能使本土企业与外资企业技术差距缩小。

交互效应方面，本章研究发现，技术重构与技术梯度的交互作用并不显著，但技术解构与技术梯度的交互对追赶绩效有着显著的影响，这说明技术梯度主要

表 4.8　技术梯度调节作用的回归结果（被解释变量：相对自身的技术追赶）

变量	模型 1 固定效应[a]		模型 2 固定效应[a]		模型 3 固定效应[a]		模型 4 固定效应[a]	
控制变量								
技术复杂性	17.92†	(9.28)	18.46*	(8.61)	18.30†	(9.49)	19.34*	(8.35)
行业竞争	-1.84†	(1.00)	-1.70	(1.04)	-2.12*	(1.02)	-2.12†	(1.09)
行业平均规模	-2.16	(1.43)	-2.04	(1.43)	-2.02	(1.45)	-1.67	(1.47)
行业人均固定资产	-16.63***	(2.31)	-16.89***	(2.37)	-16.28***	(2.12)	-16.02***	(1.84)
市场梯度	5.64†	(3.17)	4.77	(3.11)	5.04†	(2.90)	3.50	(2.37)
解释变量								
重构	1.85†	(0.93)	2.09*	(0.87)	1.69†	(0.84)	1.75*	(0.69)
解构	-0.23	(0.29)	-0.03	(0.20)	-0.29	(0.34)	-0.14	(0.20)
其他产业解构	0.03	(1.94)	0.84	(2.50)	0.26	(1.77)	1.08	(2.34)
研发机构解构	-0.90	(0.81)	0.13	(0.58)	-0.91	(0.79)	0.01	(0.53)
技术梯度	41.61**	(13.05)	54.15***	(11.14)	32.59**	(9.67)	42.12***	(6.81)
乘积项								
解构×技术梯度			-16.89***	(4.72)			-24.95*	(10.09)
其他产业解构×技术梯度			30.45	(41.84)			44.62	(39.60)
研发机构解构×技术梯度			20.40†	(10.77)			16.26	(11.74)
重构×技术梯度					11.44	(7.50)	24.58	(16.13)
常数项	14.59***	(1.02)	14.81***	(0.96)	14.48***	(0.96)	14.62***	(0.83)

续表

变量	模型 1 固定效应[a] 已放入	模型 2 固定效应[a] 已放入	模型 3 固定效应[a] 已放入	模型 4 固定效应[a] 已放入
时间虚拟变量	已放入	已放入	已放入	已放入
固定效应 F 统计量	$F_{(25,140)}=3.12$（Prob > F = 0.0000）	$F_{(25,137)}=3.27$（Prob > F = 0.0000）	$F_{(25,139)}=2.88$（Prob > F = 0.0000）	$F_{(25,136)}=2.78$（Prob > F = 0.0001）
随机效应 BP – LM 检验	$\chi^2_{(1)}=0.00$（Prob > χ^2 = 0.9655）	$\chi^2_{(1)}=0.00$（Prob > χ^2 = 0.9730）	$\chi^2_{(1)}=0.43$（Prob > χ^2 = 0.5100）	$\chi^2_{(1)}=1.23$（Prob > χ^2 = 0.2669）
Hausman 检验	$\chi^2_{(16)}=51.94$（Prob > χ^2 = 0.0000）	$\chi^2_{(19)}=52.37$（Prob > χ^2 = 0.0001）	$\chi^2_{(17)}=102.64$（Prob > χ^2 = 0.0000）	$\chi^2_{(20)}=70.72$（Prob > χ^2 = 0.0000）
序列相关 Wooldridge 检验	$F_{(1,25)}=6.329$（Prob > F = 0.0187）	$F_{(1,25)}=5.735$（Prob > F = 0.0244）	$F_{(1,25)}=7.098$（Prob > F = 0.0133）	$F_{(1,25)}=5.659$（Prob > F = 0.0253）
截面相关 Pesaran 检验	1.377（Pr = 0.1684）	1.078（Pr = 0.2812）	1.499（Pr = 0.1338）	1.085（Pr = 0.2780）
固定效应组间异方差修正的 Wald 检验	$\chi^2_{(26)}=8865.46$（Prob > χ^2 = 0.0000）	$\chi^2_{(26)}=6898.20$（Prob > χ^2 = 0.0000）	$\chi^2_{(26)}=15062.10$（Prob > χ^2 = 0.0000）	$\chi^2_{(26)}=14380.83$（Prob > χ^2 = 0.0000）
Driscoll & Kraay 标准差的固定效应模型	$F_{(16,25)}=134.48$（Prob > F = 0.0000）	$F_{(19,25)}=173.70$（Prob > F = 0.0000）	$F_{(17,25)}=195.36$（Prob > F = 0.0000）	$F_{(20,25)}=136.40$（Prob > F = 0.0000）
R^{2b}	0.3694	0.4027	0.3730	0.4160
n	182	182	182	182

注：括号中的数值为标准差；

[a] 模型为 Driscoll & Kraay 标准差的固定效应模型（Stata 命令为 xtscc）；

[b] 固定效应模型里的 R^2 指组内 R^2；

† 表示 $p < 0.1$，* 表示 $p < 0.05$，** 表示 $p < 0.01$，*** 表示 $p < 0.001$。

表 4.9　技术梯度调节作用的回归结果（被解释变量：相对外企的技术追赶）

变量	模型 1 固定效应[a]		模型 2 固定效应[a]		模型 3 固定效应[a]		模型 4 固定效应[a]	
控制变量								
技术复杂性	1.10***	(0.22)	1.04*	(0.37)	1.11***	(0.21)	1.09**	(0.36)
行业竞争	−0.15*	(0.07)	−0.11†	(0.06)	−0.16†	(0.08)	−0.14†	(0.07)
行业平均规模	0.00	(0.04)	0.00	(0.04)	0.00	(0.04)	0.01	(0.03)
行业人均固定资产差距	−0.62*	(0.25)	−0.59*	(0.23)	−0.61*	(0.24)	−0.56*	(0.22)
市场梯度	−0.05	(0.04)	0.05	(0.06)	−0.07	(0.05)	−0.02	(0.05)
解释变量								
重构	−0.07†	(0.04)	−0.09**	(0.03)	−0.08*	(0.04)	−0.11**	(0.04)
解构	0.02*	(0.01)	0.01*	(0.01)	0.01†	(0.01)	0.00	(0.01)
其他产业解构	−0.17	(0.13)	−0.32	(0.13)	−0.16	(0.13)	−0.31*	(0.13)
研发机构解构	0.16***	(0.04)	0.03*	(0.01)	0.16***	(0.04)	0.03**	(0.01)
技术梯度	−1.24	(0.78)	−0.56	(0.54)	−1.52	(1.15)	−1.19	(0.81)
乘积项								
解构 × 技术梯度			−0.87**	(0.26)			−1.33*	(0.61)
其他产业解构 × 技术梯度			−1.39	(1.22)			−0.65	(1.33)
研发机构解构 × 技术梯度			−3.35**	(0.93)			−3.59**	(0.99)
重构 × 技术梯度					0.38	(0.60)	1.40	(1.03)
常数项	0.23***	(0.06)	0.23**	(0.06)	0.23***	(0.05)	0.22**	(0.06)

续表

变量	模型 1 固定效应[a]	模型 2 固定效应[a]	模型 3 固定效应[a]	模型 4 固定效应[a]
时间虚拟变量	已放入	已放入	已放入	已放入
固定效应 F 统计量	$F_{(25,140)} = 2.34$(Prob>F= 0.0010)	$F_{(25,137)} = 2.69$(Prob>F= 0.0001)	$F_{(25,139)} = 2.31$(Prob>F= 0.0011)	$F_{(25,136)} = 2.70$(Prob>F= 0.0001)
随机效应 BP−LM 检验	$\chi^2_{(1)} = 3.10$(Prob>χ^2= 0.0784)	$\chi^2_{(1)} = 1.82$(Prob>χ^2= 0.1776)	$\chi^2_{(1)} = 2.93$(Prob>χ^2= 0.0871)	$\chi^2_{(1)} = 1.38$(Prob>χ^2= 0.2393)
Hausman 检验	$\chi^2_{(16)} = 62.42$(Prob>χ^2= 0.0000)	$\chi^2_{(19)} = 93.16$(Prob>χ^2= 0.0000)	$\chi^2_{(17)} = 61.79$(Prob>χ^2= 0.0000)	$\chi^2_{(20)} = 96.81$(Prob>χ^2= 0.0000)
序列相关 Wooldridge 检验	$F_{(1,25)} = 1.602$(Prob>F= 0.2173)	$F_{(1,25)} = 0.455$(Prob>F= 0.5061)	$F_{(1,25)} = 2.874$(Prob>F= 0.1024)	$F_{(1,25)} = 0.882$(Prob>F= 0.3566)
截面相关 Pesaran 检验	0.006, Pr=0.9953	−0.608, Pr=1.4568	0.073, Pr=0.9416	−0.777, Pr=1.5630
固定效应组间异方差修正的 Wald 检验	$\chi^2_{(26)} = 2547.44$(Prob>χ^2= 0.0000)	$\chi^2_{(26)} = 2349.28$(Prob>χ^2= 0.0000)	$\chi^2_{(26)} = 2087.78$(Prob>χ^2= 0.0000)	$\chi^2_{(26)} = 2401.32$(Prob>χ^2= 0.0000)
Driscoll & Kraay 标准差的固定效应模型	$F_{(16,25)} = 27.20$(Prob>F= 0.0000)	$F_{(19,25)} = 82.97$(Prob>F= 0.0000)	$F_{(17,25)} = 6.73$(Prob>F= 0.0000)	$F_{(20,25)} = 22.51$(Prob>F= 0.0000)
R^{2b}	0.3640	0.4640	0.3653	0.4774
n	182	182	182	182

注：括号中的数值为标准差；

[a] 模型为 Driscoll & Kraay 标准差的固定效应模型（Stata 命令为 xtscc）；

[b] 固定效应模型里的 R^2 指组内 R^2。

† 表示 $p < 0.1$，* 表示 $p < 0.05$，** 表示 $p < 0.01$，*** 表示 $p < 0.001$。

是与技术解构产生交互作用。为了更简洁直观地反映技术解构与技术梯度交互作用的实证结果，本章对统计上显著的调制关系作图，见图 4.3 ~ 图 4.6。

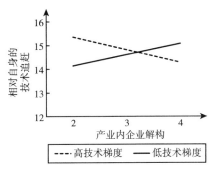

图 4.3 产业内企业解构与技术梯度的交互对相对自身的技术追赶的作用

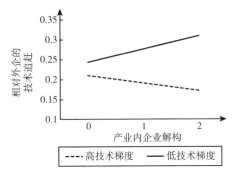

图 4.4 产业内企业解构与技术梯度的交互对相对外企的技术追赶的作用

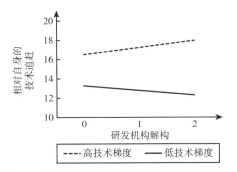

图 4.5 研发机构解构与技术梯度的交互对相对自身的技术追赶的作用

（1）产业内企业解构与技术梯度的交互作用对两类技术追赶均为负向作用。从图 4.3 和图 4.4 可以看出，技术梯度越连续，产业内企业的技术解构

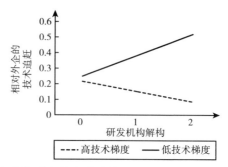

图4.6 研发机构解构与技术梯度的交互对相对外企的技术追赶的作用

（简称解构）对于相对自身的技术追赶和相对外企的技术追赶的作用都越负面。

（2）研发机构解构与技术梯度的交互作用对两类技术追赶作用相反。从图4.5和图4.6可以看出，技术梯度越连续，研发机构技术解构越能促进相对自身的技术追赶，但越不利于相对外企的技术追赶。这说明，研发机构技术解构对于本土企业而言能够有效提升其追赶速度，但是更能提升外企的技术发展水平，从而导致两者差距的扩大。

4.4.4 稳健性检验

为了测量技术梯度，在计算完每一个企业的技术水平后，需要测量这些企业技术水平的分布情况。在此，存在一个样本区间选择的问题，即对技术梯度计算步骤中的第二步设定技术水平的跨度区域［a，b］进行选择。关于该区段的具体取值有多种操作方法。最直观的处理方法是根据焦点产业内所有企业技术水平的最小值和最大值来确定，即在后续计算中，所有企业都作为样本纳入，以计算技术梯度的值。但这一处理方式的一个弊端是，容易受到异常值的影响。本章研究将［a，b］区间设定为［5百分位值，95百分位值］，一方面，避免异常值的影响，另一方面，也保留尽可能多的样本数以用于测度技术梯度（Balasubramanian & Lieberman，2010）。在此，为了检验结果的稳健性，分别对将［a，b］区间设定为［1百分位值，99百分位值］和［10百分位值，90百分位值］的情况均进行计算，并对采用这两种新算法计算得到的技术梯度的取值进行回归，最后表明结果非常稳健。以将［a，b］区间设定为［10百分位值，90百分位值］为例，将新计算方法下的技术梯度分别放入相对自身和相对外企的技术追赶的回归模型中进行分析，结果见表4.10和表4.11。从表4.10和表4.11中可以看出，原有假设检验的结论在此处都得到证实。

表 4.10　技术梯度（新测量方式）调节作用的回归结果（被解释变量：相对自身的技术追赶）

变量	模型 1 固定效应[a]		模型 2 固定效应[a]		模型 3 固定效应[a]		模型 4 固定效应[a]	
控制变量								
技术复杂性	17.85†	(8.97)	17.66*	(7.39)	18.08†	(9.11)	18.32*	(7.22)
行业竞争	-1.88†	(1.08)	-1.71	(1.14)	-2.02†	(1.07)	-2.00*	(1.12)
行业平均规模	-2.32	(1.45)	-2.10	(1.46)	-2.30	(1.46)	-1.99	(1.48)
行业人均固定资产	-16.45***	(2.02)	-16.54***	(1.96)	-16.26***	(1.95)	-15.86***	(1.60)
市场梯度	5.93†	(3.13)	5.29†	(2.94)	5.55†	(3.01)	4.21	(2.49)
解释变量								
重构	1.78*	(0.82)	2.05**	(0.72)	1.70*	(0.79)	1.82**	(0.57)
解构	-0.26	(0.31)	-0.16	(0.18)	-0.31	(0.34)	-0.29	(0.20)
其他产业解构	-0.12	(1.92)	0.57	(2.31)	-0.09	(1.89)	0.56	(2.24)
研发机构解构	-0.97	(0.85)	-0.19	(0.56)	-0.96	(0.85)	-0.22	(0.56)
技术梯度	85.97***	(20.93)	107.80***	(15.98)	78.61***	(18.28)	95.44***	(10.13)
乘积项								
解构×技术梯度			-32.79***	(6.75)			-45.4**	(12.52)
其他产业解构×技术梯度			4.78	(53.72)			19.12	(49.8)
研发机构解构×技术梯度			33.7†	(18.71)			26.48	(20.31)
重构×技术梯度					10.75†	(5.95)	33.3†	(17.54)
常数项	14.90***	(1.00)	15.04***	(0.87)	14.85***	(0.98)	14.94***	(0.81)

续表

变量	模型 1 固定效应[a] 已放入	模型 2 固定效应[a] 已放入	模型 3 固定效应[a] 已放入	模型 4 固定效应[a] 已放入
时间虚拟变量	已放入	已放入	已放入	已放入
固定效应 F 统计量	$F_{(25,140)}=3.12$ (Prob > F = 0.0000)	$F_{(25,137)}=3.25$ (Prob > F = 0.0000)	$F_{(25,139)}=2.89$ (Prob > F = 0.0000)	$F_{(25,136)}=2.76$ (Prob > F = 0.0001)
随机效应 BP – LM 检验	$\chi^2(1)=0.04$ (Prob > χ^2 = 0.8429)	$\chi^2(1)=0.02$ (Prob > χ^2 = 0.8993)	$\chi^2(1)=0.50$ (Prob > χ^2 = 0.4779)	$\chi^2(1)=1.17$ (Prob > χ^2 = 0.2784)
Hausman 检验	$\chi^2(16)=53.02$ (Prob > χ^2 = 0.0000)	$\chi^2(19)=55.91$ (Prob > χ^2 = 0.0000)	$\chi^2(17)=34.30$ (Prob > χ^2 = 0.0077)	$\chi^2(20)=85.09$ (Prob > χ^2 = 0.0000)
序列相关 Wooldridge 检验	$F_{(1,25)}=8.458$ (Prob > F = 0.0075)	$F_{(1,25)}=9.191$ (Prob > F = 0.0056)	$F_{(1,25)}=7.742$ (Prob > F = 0.0101)	$F_{(1,25)}=7.514$ (Prob > F = 0.0111)
截面相关 Pesaran 检验	0.995 (Pr = 0.3195)	0.919 (Pr = 0.3583)	1.169 (Pr = 0.2423)	1.181 (Pr = 0.2377)
固定效应组间异方差修正的 Wald 检验	$\chi^2(26)=31056.76$ (Prob > χ^2 = 0.0000)	$\chi^2(26)=20577.76$ (Prob > χ^2 = 0.0000)	$\chi^2(26)=60428.08$ (Prob > χ^2 = 0.0000)	$\chi^2(26)=110000$ (Prob > χ^2 = 0.0000)
Driscoll & Kraay 标准差的固定效应模型	$F_{(16,25)}=137.70$ (Prob > F = 0.0000)	$F_{(19,25)}=37.73$ (Prob > F = 0.0000)	$F_{(17,25)}=89.98$ (Prob > F = 0.0000)	$F_{(20,25)}=135.27$ (Prob > F = 0.0000)
R^2[b]	0.3812	0.4160	0.3825	0.4256
n	182	182	182	182

注：括号中的数值为标准差；

[a] 模型为 Driscoll & Kraay 标准差的固定效应模型（Stata 命令为 xtscc）；

[b] 固定效应模型里的 R^2 指组内 R^2；

† 表示 p < 0.1，* 表示 p < 0.05，** 表示 p < 0.01，*** 表示 p < 0.001。

表4.11 技术梯度（新测量方式）调节作用的回归结果（被解释变量：相对外企的技术追赶）

变量	模型1 固定效应[a]		模型2 固定效应[a]		模型3 固定效应[a]		模型4 固定效应[a]	
控制变量								
技术复杂性	1.09***	(0.22)	1.12**	(0.36)	1.10***	(0.22)	1.16**	(0.35)
行业竞争	-0.13*	(0.06)	-0.09†	(0.05)	-0.14†	(0.07)	-0.12†	(0.06)
行业平均规模	0.00	(0.04)	-0.01	(0.04)	0.00	(0.04)	-0.01	(0.04)
行业人均固定资产	-0.62*	(0.25)	-0.62*	(0.24)	-0.62*	(0.24)	-0.59*	(0.23)
市场梯度	-0.08†	(0.04)	0.01	(0.05)	-0.09†	(0.05)	-0.05	(0.04)
解释变量								
重构	-0.07†	(0.04)	-0.10**	(0.03)	-0.08*	(0.04)	-0.11**	(0.04)
解构	0.01†	(0.01)	0.01	(0.01)	0.01†	(0.01)	0.00	(0.01)
其他产业解构	-0.16	(0.13)	-0.28†	(0.14)	-0.16	(0.13)	-0.27†	(0.15)
研发机构解构	0.17***	(0.04)	0.07***	(0.02)	0.17***	(0.04)	0.07**	(0.02)
技术梯度	-1.57	(1.18)	-0.82	(1.04)	-1.75	(1.47)	-1.51	(1.10)
乘积项								
解构×技术梯度			-1.36**	(0.41)			-2.14*	(0.86)
其他产业解构×技术梯度			-1.03	(2.27)			-0.33	(2.54)
研发机构解构×技术梯度			-5.81**	(1.73)			-6.25**	(1.83)
重构×技术梯度					0.27	(0.65)	2.04	(1.27)
常数项	0.23***	(0.06)	0.24**	(0.06)	0.23***	(0.06)	0.24**	(0.06)

续表

变量	模型 1 固定效应[a]	模型 2 固定效应[a]	模型 3 固定效应[a]	模型 4 固定效应[a]
时间虚拟变量	已放入	已放入	已放入	已放入
固定效应 F 统计量	$F_{(25,140)} = 2.32$(Prob > F = 0.0011)	$F_{(25,137)} = 2.82$(Prob > F = 0.0001)	$F_{(25,139)} = 2.26$(Prob > F = 0.0015)	$F_{(25,136)} = 2.78$(Prob > F = 0.0001)
随机效应 BP – LM 检验	$\chi2_{(1)} = 3.37$ (Prob > $\chi2$ = 0.0666)	$\chi2_{(1)} = 1.66$ (Prob > $\chi2$ = 0.1971)	$\chi2_{(1)} = 3.36$ (Prob > $\chi2$ = 0.0668)	$\chi2_{(1)} = 1.48$ (Prob > $\chi2$ = 0.2241)
Hausman 检验	$\chi2_{(16)} = 61.20$ (Prob > $\chi2$ = 0.0000)	$\chi2_{(19)} = 89.64$ (Prob > $\chi2$ = 0.0000)	$\chi2_{(17)} = 60.13$ (Prob > $\chi2$ = 0.0000)	$\chi2_{(20)} = 118.83$ (Prob > $\chi2$ = 0.0000)
序列相关 Wooldridge 检验	$F_{(1,25)} = 1.826$ (Prob > F = 0.1888)	$F_{(1,25)} = 0.479$ (Prob > F = 0.4954)	$F_{(1,25)} = 2.858$ (Prob > F = 0.1033)	$F_{(1,25)} = 0.739$ (Prob > F = 0.3980)
截面相关 Pesaran 检验	0.098 (Pr = 0.9216)	− 0.693 (Pr = 1.5116)	0.135 (Pr = 0.8923)	− 0.822 (Pr = 1.5891)
固定效应组间异方差修正的 Wald 检验	$\chi2_{(26)} = 2249.39$ (Prob > $\chi2$ = 0.0000)	$\chi2_{(26)} = 1985.10$ (Prob > $\chi2$ = 0.0000)	$\chi2_{(26)} = 2083.44$ (Prob > $\chi2$ = 0.0000)	$\chi2_{(26)} = 1748.72$ (Prob > $\chi2$ = 0.0000)
Driscoll & Kraay 标准差的固定效应模型	$F_{(16,25)} = 24.28$ (Prob > F = 0.0000)	$F_{(19,25)} = 107.15$ (Prob > F = 0.0000)	$F_{(17,25)} = 5.70$ (Prob > F = 0.0001)	$F_{(20,25)} = 5.45$ (Prob > F = 0.0001)
R^{2b}	0.3598	0.4513	0.3600	0.4624
n	182	182	182	182

注：括号中的数值为标准差；

a 模型为 Driscoll & Kraay 标准差的固定效应模型（Stata 命令为 xtscc）；

b 固定效应模型里的 R^2 指组内 R^2；

† 表示 $p < 0.1$，* 表示 $p < 0.05$，** 表示 $p < 0.01$，*** 表示 $p < 0.001$。

4.5　结　论　与　讨　论

4.5.1　结　论

采用中国制造业 26 个行业 2001～2007 年的面板数据，我们实证检验了技术梯度及其与技术解构和重构的交互作用在追赶绩效中的影响机制。结果表明：（1）技术解构对于相对自身的技术追赶作用并不明显，但对相对外企的技术追赶起着正向作用。而技术重构有利于相对自身的技术追赶，但不利于相对外企的技术追赶。（2）技术梯度越连续的产业，产业内本土企业越能以更快的速度提升技术水平，但未必能更快地与外资企业缩小技术差距。（3）技术梯度越连续，产业内企业的技术解构对于相对自身的技术追赶和相对外企的技术追赶的作用都越负面。（4）技术梯度越连续，研发机构技术解构越能促进相对自身的技术追赶，但越不利于相对外企的技术追赶。

4.5.2　讨　论

实证结果中有几点有趣的结论值得讨论。

第一，关于主效应，为何技术解构和技术重构对相对于自身的技术追赶和相对于外企的技术追赶产生了不同的影响？本章实证研究表明，技术解构对于相对自身的技术追赶作用并不明显，但它对相对外企的技术追赶起着正向作用。这意味着产业技术解构活动的增多，并不能让本土企业以更快的速度提高技术水平；但由于外资企业的技术水平提升会因此显著减少，所以本土企业会表现出虚假的追赶表象。显然，由于外资企业掌握着更为先进的技术，而且它们的技术往往被后发本土企业解构，当本土企业低成本地获取外企的技术成果时，外企从自身技术开发活动中的获益会受到负面的影响。此外，技术重构有利于相对自身的技术追赶，但不利于相对外企的技术追赶。这说明技术重构使得本土企业相对于自己的过去而言以更快的速度提高技术水平，但这种提升的速度并不能超过外资企业的提升速度，因而表现出两者差距的增大。这也间接表明，外企因为其更强的创新能力以及更国际化的技术和知识来源（母国或母公司），比本土企业更能从行业的技术重构努力中受益。

第二，关于主效应，为何技术梯度对相对自身的技术追赶和相对外企的技术追赶产生了不同的影响？本章实证研究表明，技术梯度能明显促进产业内本土企业以更快的速度提升技术水平，却不能使本土企业与外资企业技术差距缩小。技术梯度连续的产业内蕴含的丰富的资源与机会，对于本土和外资企业而言均起到促进作用，如果本土企业不能比外资企业更高效地利用这些资源和机会，那么本土企业就无法缩小与外资企业的差距。

第三，关于交互作用，为何技术梯度越连续，产业内企业的技术解构对追赶绩效的影响越不利？一个可能的解释是，尽管技术梯度越连续，具有技术和资源不足等后发劣势的本土企业更容易以低成本寻求到外力的帮助，从而能消化吸收外部先进技术并加以利用。但是，技术梯度越连续，也意味着会有更多的企业与外资领先企业有着接近或者差距不大的技术定位，在这种情形下，本土企业开展技术解构活动很容易招致国外同行领先企业的警惕和封锁，反向工程等技术解构方式操作越来越困难。正如斯图尔特和波多尔尼（Stuart & Podolny，1996）指出的那样，具有接近技术定位或相似创新能力的企业可被看作一个战略群，同一个战略群内的企业不易结成同盟；而如果技术定位差距很大，则易于形成以技术领先者为核心的技术联盟。

第四，关于交互作用，为何技术梯度越连续，研发机构的技术解构越能提高产业的技术发展水平，却不利于与外资企业技术水平差距的缩小？与产业内企业技术解构不同，在技术梯度连续的产业里，研发机构的技术解构能提升产业内企业的技术发展速度。这也间接说明，产业内企业的技术解构更容易招致国外同行领先企业的警惕和封锁，而研发机构由于与外资企业不存在直接的竞争，其技术解构能很好地促进本土企业的技术发展。但是在技术梯度连续的产业里，研发机构的技术解构活动不利于促进本土企业与外资企业技术差距的缩小。这说明外资企业在技术连续的产业里比本土企业更能从研发机构的技术解构活动中获益。

本章研究存在以下三方面的理论贡献。

第一，本章通过引入技术梯度这一重要的技术情境因素丰富了新兴经济体产业追赶的文献。已有研究主要从技术体制的视角来分析技术情境对于追赶的重要性（Lee & Lim，2001；Park & Lee，2006；Jung & Lee，2010；Castellacci，2007），如知识的显隐性、知识的累积性、外部知识可得性、技术轨迹的变动性等，而产业内的技术结构特征被忽视。本章提出技术梯度的概念，丰富了产业追赶文献中对技术情境进行刻画的方式，并证实了该因素对技术追赶的重要性。

第二，本章对两种类型的技术学习活动（技术解构和技术重构）进行了实证检验，发现不同类型的技术学习对追赶绩效有着截然不同的影响。未来研究在讨论产业技术学习活动的影响机制时，有必要区分技术学习的类型。此外，对于产业层的技术解构，按照类型的不同，也会产生不同的影响。例如，在技术梯度连续的产业里，研发机构的技术解构比产业内企业的技术解构更容易促进技术水平发展速度的提升。

第三，在以往关于追赶主题的定量研究中，采用追赶绩效而不是创新绩效的研究非常少，而在仅有的真正刻画了"追赶"绩效的文献（Park & Lee，2006；Jung & Lee，2010）中，也没有对相对自身的技术追赶和相对外企的技术追赶进行区分。本章研究实证表明，对于不同类型的技术追赶测度，技术学习及其与技术梯度的交互会产生截然不同的结果。正如，陈爱贞、刘志彪和吴福象（2008）指出，本土企业自身技术水平的提升并不一定意味着其与跨国公司的技术差距的缩小。相反，如果跨国公司的技术水平以更快的速度提升，可能会进一步挤压本土企业的市场空间，从而削弱本土企业技术升级的支撑。未来的研究应该在追赶绩效的测度上进行详细定义与区分，从而使得不同的研究结论具有比较的基础。

本章研究对政府政策制度也有启示意义。首先，本土企业若要以更快的速度提升技术水平，不能太依赖技术解构（尤其是在技术梯度连续的产业里），而是主要靠技术重构。然而技术重构使得本土企业相对自己的过去而言以更快的速度提高技术水平，但仍不能缩小与外资企业的差距。外企因为其更强的创新能力以及更国际化的技术和知识来源（母国或母公司），比本土企业更能从行业的技术重构努力中受益。因此，本土企业应该努力从更广的渠道获取技术知识来源，从而从产业的技术重构中获益更多。政府应该通过政策的引导促进产业内企业从对技术解构的关注向重点关注技术重构转变。此外，技术梯度的存在能促进产业的技术追赶。政府应该引导各产业向技术水平的多元化发展，而不是鼓励产业内所有企业都一味地瞄准高精尖的技术定位。此外，政府应该积极培育各种研究开发机构，推动产业的技术解构更有效地开展。

本章研究还存在一些不足和值得未来进一步讨论的地方。首先，对技术追赶的刻画除了从劳动生产率的角度来开展外，还可以从新产品产出和专利产出等方面的追赶来刻画。未来研究可以采用与本章研究类似的构造追赶绩效的方式，用新产品和专利数据进行进一步检验，并探讨不同类型的技术追赶绩效的影响机制是否存在差异。此外，由于数据可得性的制约，本章仅针对二位行业代码的制造业产业进行了检验，未来研究如果条件允许，可以用三位行业代码或四位行业代码进行验证，以检验本章研究的结论的概化能力。

第5章 子研究3：市场梯度与追赶

5.1 引言

经典的"结构—行为—绩效"分析范式指出，企业行为决定了市场结构；但反过来，在一个给定的市场结构中，企业的行为受到市场结构的影响，并影响到产业绩效。产业经济学对市场结构的关注主要是指市场规模、市场集中度和产品差异化等因素（刘小玄，2003）。荣格和李昆（2010）指出，具有垄断市场结构特征的行业更容易实现生产率的追赶。但是已有的讨论技术追赶的研究，往往从市场规模和市场分割特性的角度来分析市场情境对于追赶的重要性（Liu，2010；Mu & Lee，2005；Mazzoleni & Nelson，2007），而对产业内的市场结构特征缺乏重视（Brandt & Thun，2016；Thun，2018）。与产业经济学中对市场集中度等市场结构概念的关注不同，考虑到新兴经济体追赶情境下市场层次的重要性，本章提出了市场梯度的概念，并对它在追赶中的作用进行检验。

市场梯度是指一个行业内企业所面临的从低端到高端的各个细分市场连续、均匀分布的程度。中国因为国土面积巨大，且各区域之间经济发展水平的不平衡（如东部、中部和西部地区之间），使得许多产业内的低端市场和高端市场之间存在着较为连续分布的市场需求。高端市场的复杂功能和高质量产品需求与低端市场的简单功能、低成本的需求同时存在（Liu & White，2001）。市场梯度高，首先，意味着该产业里各种层次的需求均存在；其次，对于每个细分市场而言需求量分布相对均衡，即每个细分市场的需求量都达到了一定的规模，而不是集中在个别的细分市场。一个产业的市场梯度情况，会对该行业的进入壁垒、行业内企业的市场竞争策略和创新策略产生重要影响。

鉴于以往研究中对市场梯度这一重要的产业市场结构因素的忽视，为填补这一空缺，本章聚焦于市场梯度在技术追赶中的影响机制。追赶绩效是其可获得的资源和机会与技术努力两者相互作用的结果（Lee & Lim，2001）。不同产业的市场梯度连续程度不同，可获得的资源和机会存在差异，这使得其技术学习所获得的追赶绩效不同。因此，本章也考察了技术解构和重构与市场梯度的交互在技术追赶中的影响。

5.2　假设提出

5.2.1　市场梯度与追赶绩效

市场梯度越高，意味着该产业的资源和机会越丰富，后发企业的追赶也越容易发生。首先，市场梯度连续的产业进入门槛更低，这为作为后来者的本土企业获得生存的机会及完成原始积累创造了前提。在这样的产业里，即便本土企业因为能力瓶颈使得开发出的产品档次不高，依然能较为容易地找到相应的细分市场甚至新的利基市场，且更不容易受到已有企业的打击和竞争，从而获得"干中学"的机会，这对于后发企业的起步和原始积累非常关键（Mazzoleni & Nelson，2007）。例如，当跨国公司定位于中国的中高端市场时，本土企业可以采取农村包围城市的市场策略，正如华为等通信公司的发展经验所展示的那样。而且，那些定位更高端市场的企业在产品推广上的努力，往往起到了教育或培育该类型产品市场的作用，激发出更多的市场需求。而由于本土用户收入水平等多方面因素的影响，这些用户会寻求具有类似功能但价格更低的产品，这便为那些定位略低的企业提供了机会。在许多情况下，那些定位很高端的产品往往还起到了"价格伞"的作用，使得后发企业提供的价格低廉但具备一定质量和功能的产品变得极具吸引力。以轿车行业为例，20世纪90年代中外合资企业主要针对商业和政府市场，一辆普通轿车售价20万元人民币左右，相当于当时一个普通家庭10年的收入。有这种高价产品作为参照，本土企业如吉利的低价产品赢得了巨大的市场。

其次，市场梯度意味着学习和成长的机会。如果一个产业内各个细分市场较为连续，生产中、低端产品的企业可以更容易地观察到那些比自己更高端的产品，通过分析这些产品的功能特性和趋势，将这些信息运用于自身的产品开发中，从而提高自身产品的价值。如学习高端产品的市场营销策略、模仿其产品包装等。另外，由于早期技术和管理水平相对落后的状况，本土企业往往通过瞄准低端市场而进入某一产业。在这个低端市场里，竞争非常激烈，价格战非常常见。随着资源的积累，那些更具有企业家精神或远见的企业会努力向价值链的高地攀升，即向更高端的细分市场迈进。如果这些比自身略高的细分市场规模不够，企业便很难完成这种战略的转型升级。高市场梯度的产业为这些升级中的企业提供了足够规模的比现有市场层次略高的细分市场，为企业在更高技术领域里通过"干中学"来掌握更高技术能力提供了机会。

本土企业在利用生存、学习和成长机会的过程中，也实现了资源的积累，从而保证了追赶的可持续性。创新需要大量的资源投入，如技术资源、市场资源、资金资源和人力资源等。现有的资源条件会影响产业内企业对能力发展的投资决策。高梯度的市场情境提高了企业积累资源的速度和效率，进而促进企业的技术追赶。

因此，本章提出如下假设。

假设 6：行业市场梯度越连续，追赶绩效越高。

5.2.2　技术解构和重构与市场梯度的交互

技术解构指后发企业通过一些策略性做法以降低技术获取的成本、资源需求以及时间耗费，或者是通过对外部资源的利用来降低吸收外部技术所需要的能力门槛。它主要通过降低技术门槛和资源投入、借助外部技术能力来促进技术追赶。对于市场梯度连续的产业而言，市场上存在的产业种类数量非常多，而且这些产品依据其市场定位在技术性能和质量等方面差异非常大，这为技术解构提供了丰富的素材和机会。在这样的环境下，企业的技术解构能力能够得到更好的发挥，从而促进产业技术追赶。

对于后发企业而言，技术重构的一个重要环节是针对特定的市场需求进行技术的本土化发展，从而更好地利用市场中所蕴含的机会。当一个产业内的市场梯度较连续时，产业内企业可观察到的产品种类丰富，通过分析这些产品的功能特性和趋势，并将这些信息运用于自身的产品开发中，可以充分利用企业的技术重构能力以获得更高追赶绩效。而且，在这一过程中完成了资源的积累，从而保证了追赶的可持续性。此外，大量更高端细分市场的存在，为企业提供了进一步发挥技术重构能力的场所，促使企业向更高端的细分市场迈进，进而获得在更高技术领域里通过"干中学"来掌握更高技术能力的机会。

因此，本章提出如下假设。

假设7：行业市场梯度越连续，技术解构对追赶绩效的正向作用越强。

假设8：行业市场梯度越连续，技术重构对追赶绩效的正向作用越强。

5.3　研究方法

5.3.1　样本选择与数据搜集

本章着重关注市场梯度及其与技术解构和重构的交互在技术追赶中的影响机制，并展开实证检验。与子研究2类似，本章仍以制造业产业的26个二位代码行业作为研究对象，从《中国统计年鉴》《中国科技统计年鉴》《中国工业企业数据库》《中国工业产品产量数据库》四个来源获取数据。搜集的数据仍为2001~2007年的26个产业的面板数据，其中解释变量提前一年。技术解构和重构的测量，具体可见子研究1。被解释变量（相对自身的技术追赶和相对外资的技术追赶）和控制变量与子研究2相同，具体可见子研究2。关于市场梯度的测量，此处进行详细说明。

5.3.2　变量测度与数据处理

市场梯度旨在反映当一个产业内的企业按照其产品价格水平依次从低到高升序排列后，该产业内的各企业的产品价格水平分布的梯度情况。在一个产业内，若企业在各个产品价格的区间段内分布较为连续、均匀，则梯度高；若大量企业集中于个别价格水平区段，而在另一些区段的企业数量非常少，则表现为梯度低。

　　与技术梯度的计算方法类似，本章计算市场梯度的方法如下：（1）计算每个企业的产品价格水平，即用工业总产值（现价）除以工业产品产量，并对每个产业里的所有企业按照其价格水平依次从低到高升序排列。（2）按照产业内企业技术水平的跨度区间，设定一个技术水平的跨度区域［a，b］。（3）将该区域划分为跨度均等的 k 个连续区间，每个区间的跨度为（最大值－最小值）/k。（4）对分别落在这连续的 k 个区间里的企业数量进行统计，得到每个区间内的企业数量 N_1，N_2，…，N_k。计算每个区间内的企业数量的比重，即 $R_i = N_i / \sum_1^K N_j$。（5）对该 K 个比率数据采用赫芬达尔指数的算法计算分散度，即 $1 - \sum_1^k R_i^2$。同样地，我们将 K 取值为 10，将［a，b］区间设定为［5 百分位值，95 百分位值］。为了验证结论的稳健性，本章同时也按照［1 百分位值，99 百分位值］和［10 百分位值，90 百分位值］进行计算。

　　市场梯度的测量采用的是《中国工业企业数据库》和《中国工业产品产量数据库》，两个数据库依据企业法人代码这一唯一识别码进行对接。同样地，本章依据《中国工业企业数据库》每个企业法人的产业代码来划分其归属行业。

　　相较于技术梯度的计算，市场梯度要复杂得多，主要是因为存在两大难点。首先，计算单个企业的价格水平时，在获得企业的总产量值上受到计量单位的困扰。《中国工业产品产量数据库》依据每个企业法人在每个产品上给出其产量数据，即对于一个企业法人而言其产品的种类数可能不止一种，也即可能存在不止一个产量数据。但是从《中国工业企业数据库》获得的工业总产值对于每个法人而言只有一个汇总数据。为解决该产品产量与产值无法对应的问题，本章对工业产品目录进行了分析，发现对于大多数的行业而言，产业内的产品虽然种类较多（即多个产品代码），但产品的性质类似，计量单位的种类数较为有限。因此，对于每个企业法人而言，若其生产的多种产品计量单位（如吨）一致，可简单求和得到总产量，从而用该数据除总产值得到该企业的产品平均价格水平。但若某个企业法人的多种产品存在不止一种计量单位（如同时存在吨、升），则无法求和得到总产量数据。对于此类样本，本章只能舍弃。以纺织业为例的产品代码、名称和计量单位见表5.1。产品产量和产值数据有效样本数见表5.2。

表5.1 以纺织业为例的产品代码、名称和计量单位

产品代码	产品名称	单位
03456	化纤浆粕	吨
03494	化学纤维	吨
03505	粘胶纤维	吨
03543	合成纤维	吨
03550	锦纶纤维	吨
03598	涤纶纤维	吨
03623	腈纶纤维	吨
03654	维纶纤维	吨
03692	丙纶纤维	吨
03796	纱	吨
03949	布	万米
03956	棉布	万米
03970	棉混纺布（混纺交织布）	万米
04000	化学纤维布（纯化纤布）	万米
04166	印染布	万米
04475	绒线（毛线）	吨
04562	毛机织物（呢绒）	万米
05032	苎麻布及亚麻布	米
05036	丝	吨
05098	丝织品	万米
04982	麻袋（混合数）	万条
04395	帘子布	吨
05433	非织造布	吨
05352	针棉织品折用纱线量	吨

表5.2 产品产量和产值数据有效样本数

年份	产品产量数据库制造业样本数	能与工业企业数据库对接的制造业样本数	用于计算市场梯度的样本数	保留比率（%）
2006	183150	146852	89047	60.64
2005	169327	135491	80513	59.42
2004	153988	102961	59696	57.98
2003	187374	128414	70925	55.23
2002	182196	124034	67001	54.02
2001	138299	112289	58426	52.03
2000	138459	119237	60320	50.59

在计算完各个企业的价格后，行业层的变量市场梯度的测度还存在一个难点。对于某一个行业而言，该行业内的企业样本的产品价格水平仍受到计量单位因素的影响。例如，同时存在不同的价格：元/吨，元/升，这使得不同计量单位下的价格水平变得不可比较。对此，本章保留了每个行业内样本数最多的两种计量单位（只有一种计量单位的，直接计算得到市场梯度），对这两种计量单位下的样本分开各自计算市场梯度，最后该行业的市场梯度由这两个值取最大值（或均值）得到。例如，某个行业存在三种计量单位，按照样本数的多少依次为：元/吨、元/升、元/个。保留前两类样本，对该行业里计量单位均为元/吨的企业样本计算一个市场梯度，对计量单位均为元/升的企业样本再计算一个市场梯度。最终对这两个值，采取一定的方式汇总成该行业的市场梯度，方法为：对两种情况下的样本数进行比较，样本数相差大于 10 倍以上，则取前一个值，因为第二种计量单位下的样本数要少太多；否则取两个值中的最大值。① 2000~2006 年制造业各产业平均的市场梯度情况见表 5.3。2000~2006 年制造业平均市场梯度的变化趋势见图 5.1。

表 5.3　　　　**2000~2006 年制造业各产业平均的市场梯度情况**

二位行业代码	名称	市场梯度 1~99	市场梯度 5~95	市场梯度 10~90
13	农副食品加工业	0.466	0.761	0.826
14	食品制造业	0.172	0.572	0.777
15	饮料制造业	0.326	0.736	0.828
17	纺织业	0.411	0.737	0.822
18	纺织服装、鞋、帽制造业	0.441	0.753	0.831
19	皮革、毛皮、羽毛（绒）及其制品业	0.528	0.821	0.869
20	木材加工及木、竹、藤、棕、	0.311	0.718	0.827
21	家具制造业	0.207	0.623	0.749
22	造纸及纸制品业	0.206	0.589	0.744
23	印刷业和记录媒介的复制	0.201	0.586	0.794
24	文教体育用品制造业	0.223	0.566	0.676
26	化学原料及化学制品制造业	0.157	0.566	0.717

① 此处也用平均值的方法进行计算，得出的市场梯度的值与最大值算法得出的结果高度相关（0.91，显著性 0.000），说明我们的算法结果很稳健，受该操作方式的影响很小。

续表

二位行业代码	名称	市场梯度 1~99	市场梯度 5~95	市场梯度 10~90
27	医药制造业	0.157	0.482	0.671
28	化学纤维制造业	0.196	0.648	0.827
29	橡胶制品业	0.531	0.788	0.846
30	塑料制品业	0.213	0.612	0.764
31	非金属矿物制品业	0.475	0.723	0.825
32	黑色金属冶炼及压延加工业	0.145	0.707	0.768
33	有色金属冶炼及压延加工业	0.383	0.828	0.874
34	金属制品业	0.217	0.655	0.813
35	通用设备制造业	0.252	0.606	0.762
36	专用设备制造业	0.190	0.540	0.707
37	交通运输设备制造业	0.242	0.640	0.744
39	电气机械及器材制造业	0.424	0.623	0.714
40	通信设备、计算机及其他	0.186	0.543	0.669
41	仪器仪表及文化、办公用机械制造业	0.153	0.411	0.557

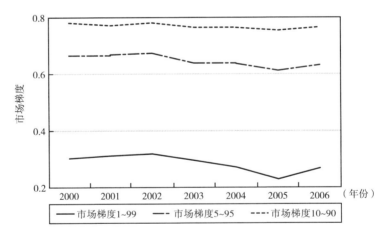

图 5.1　2000~2006 年制造业平均市场梯度的变化趋势

5.3.3　数据分析方法

本章采用 STATA 软件进行面板数据的描述性统计分析、相关分析和回归分析。面板数据回归模型面临着对固定效应模型、随机效应模型还是混合最小二乘模型的选择问题。具体可根据固定效应模型 F 统计量结果、BP – LM 检验结果和 Hausman 检验结果来进行模型选择。此外，还需要对数据是否存在异方差、序列相关和横截面相关进行检验并处理。对于固定效应模型，可以采用以 Driscoll & Kraay 方法估计标准误差的固定效应模型应对异方差和自相关的问题（Driscoll & Kraay，1998）。

本章的回归分析采用多元层次回归。在模型 1 中，放入核心解释变量和控制变量进行回归；模型 2 在模型 1 的基础上增加技术解构这一核心变量（3 个指标）与调节变量市场梯度的乘积项进行回归；模型 3 在模型 1 的基础上增加技术重构这一核心变量与调节变量市场梯度的乘积项进行回归；模型 4 则将所有解释变量和所有与调节效应相关的乘积项放入进行回归。

为了检验结果的稳健性，本章对核心变量"市场梯度"采用新的测量方式进行计算，然后同样进行如上的回归分析，并将其结果跟本章的研究结论进行对比，以确定结论是否稳健。详细见第 5.4.4 小节。

5.4　研究结果

5.4.1　描述性统计与相关分析

表 5.4 展示了子研究 3 的描述性统计和相关系数。从相关系数矩阵中可以看出，市场梯度与相对自身的技术追赶的相关性要高于与相对外企的技术追赶的相关性。而技术梯度与技术重构和研发机构的技术解构的相关性要远高于与产业内企业技术解构和其他产业技术重构的相关性。

5.4.2　多重共线性、异方差和序列相关检验

从表 5.4 的相关系数矩阵中可以看出，所有相关系数均不超过 0.45。在相对自身的技术追赶和相对外企的技术追赶的回归模型中，包含时间虚拟变量在内的所有解释变量的方差膨胀因子均不大于 2.71，远低于 10 这一常用的经验标准。这说明本章不存在严重的多重共线性问题。

表5.4　子研究 3 描述性统计与相关系数

变量	均值	标准差	最小值	最大值	1	2	3	4	5	6	7	8	9	10	11
1 相对自身的技术追赶	8.49	3.66	-10.76	11.33											
2 相对外企的技术追赶	0.07	0.19	-1.76	1.20	0.32***										
3 技术复杂性	0.05	0.05	0.00	0.31	0.11	0.03									
4 行业竞争	6.47	0.78	4.26	7.93	0.14†	0.02	-0.09								
5 行业平均规模	6.94	0.40	5.99	8.62	0.05	-0.03	-0.10	0.04							
6 行业人均固定资产	1.90	0.54	0.81	3.30	0.14†	-0.12	0.39***	0.15*	0.26***						
7 行业人均固定资产差距	-0.46	0.41	-1.35	1.56	-0.24**	-0.21**	-0.24**	-0.24**	0.10	-0.40***					
8 重构	1.44	0.86	0.16	3.86	0.03	0.02	0.06	0.36***	0.09	0.20**	-0.14†				
9 解构	0.88	0.75	0.00	4.35	0.15*	0.03	0.10	0.25***	0.00	0.21**	-0.01	0.38***			
10 其他产业结构	0.40	0.37	0.08	1.38	0.15*	-0.01	0.30***	0.01	-0.04	0.45***	-0.20**	0.10	0.15†		
11 研发机构解构	0.65	0.80	0.00	3.93	-0.10	0.13†	-0.12	0.05	-0.29***	0.02	-0.02	0.28***	0.04	0.08	
12 市场梯度	0.65	0.13	0.28	0.87	0.14†	-0.05	-0.05	-0.06	0.14†	-0.07	-0.09	-0.38***	-0.10	-0.04	-0.32***

注：†表示 p<0.1，* 表示 p<0.05，** 表示 p<0.01，*** 表示 p<0.001。

从表 5.5 中可以看到，在相对自身的技术追赶的回归模型中，固定效应 F 统计量、随机效应 BP – LM 检验和 Hausman 检验的结果均显示固定效应模型更为适合。[①] Pesaran 检验显示不存在截面相关的问题，但 Wooldridge 检验和修正的 Wald 检验分别显示存在序列相关和组间异方差的问题。因此，我们采用使用 Driscoll & Kraay 标准差的固定效应模型进行回归（Driscoll & Kraay，1998）。

从表 5.6 中可以看到，在相对外企的技术追赶的回归模型中，模型选择仍为固定效应模型，且不存在截面相关的问题。但组间异方差的问题一直存在，部分模型还存在序列相关的问题，因此，采用 Driscoll & Kraay 标准差的固定效应模型进行回归。

5.4.3　回归分析结果

以相对自身的技术追赶作为被解释变量的回归分析结果，见表 5.5。固定效应模型的 R^2 指组内 R^2，四个模型的 R^2 分别为 0.3694、0.3971、0.3894 和 0.4358，均表现出很好的拟合度。在以相对外企的技术追赶作为被解释变量的回归分析结果中，四个模型的 R^2 分别为 0.3640、0.3869、0.3777 和 0.3978，详细见表 5.6。

从回归结果可以看出，市场梯度以及它与技术解构的交互对相对于自身的技术追赶和相对于外企的技术追赶有着截然不同的影响。总的来讲，市场梯度以及它与技术解构的交互更能促进本土企业相对于自身的技术追赶，对缩小与外企的技术水平差距作用不明显。而市场梯度与技术重构的交互作用，同时正向影响相对于自身的技术追赶和相对于外企的技术追赶，与假设 8 一致。

具体来讲，主效应方面，市场梯度仅显著正向影响本土企业相对自身的技术追赶，而对相对外企的技术追赶的正向作用不显著。这意味着市场梯度连续对于本土企业而言，能以更快的速度提高技术水平，但外资企业也同样能利用技术梯度提升技术水平，所以并不能缩小与外资企业技术水平的差距。

---

① 在相对自身的技术追赶的回归模型 3 中，固定效应模型 F 检验给出了采纳固定效应的选择，随机效应 BP – LM 检验拒绝随机效应，但 Hausman 检验在随机效应和固定效应模型中选择时却拒绝了固定效应。鉴于本章面板数据具有截面长时间短的特征，且截面（行业）已经基本反映了整个制造业产业，本章更适合采用固定效应。同时，本章还用随机效应和混合 OLS 也进行了回归，结果非常稳健，此处限于篇幅不予报告。

表 5.5　市场梯度调节作用的回归结果（被解释变量：相对自身的技术追赶）

变量	模型 1 固定效应[a]		模型 2 固定效应[a]		模型 3 固定效应[a]		模型 4 固定效应[a]	
控制变量								
技术复杂性	17.92†	(9.28)	18.00†	(10.00)	18.3†	(9.3)	18.66†	(9.89)
行业竞争	-1.84†	(1.00)	-1.66†	(0.96)	-1.7†	(1.0)	-1.30	(0.92)
行业平均规模	-2.16	(1.43)	-2.21	(1.48)	-2.0	(1.4)	-2.23	(1.49)
行业人均固定资产	-16.63***	(2.31)	-16.83***	(2.30)	-15.9***	(2.2)	-15.68***	(2.07)
技术梯度	41.61**	(13.05)	37.34*	(14.13)	23.7*	(10.1)	9.83	(8.29)
解释变量								
重构	1.85†	(0.93)	2.27*	(0.81)	2.3*	(1.0)	3.01**	(0.91)
解构	-0.23	(0.29)	-0.15	(0.25)	-0.2	(0.3)	-0.13	(0.27)
其他产业解构	0.03	(1.94)	1.28	(2.35)	0.3	(1.7)	1.74	(2.06)
研发机构解构	-0.90	(0.81)	0.00	(0.35)	-0.9	(0.8)	-0.06	(0.41)
市场梯度	5.64†	(3.17)	6.17†	(3.43)	7.0**	(2.4)	8.85**	(2.61)
乘积项								
解构×市场梯度			-1.74†	(0.96)	-1.7†	(1.0)	-5.44**	(1.60)
其他产业解构×市场梯度			7.75	(8.12)			12.44	(8.32)
研发机构解构×市场梯度			8.39**	(2.88)			8.82**	(2.50)
重构×市场梯度					7.3***	(1.5)	11.15***	(1.93)
常数项	14.59***	(1.02)	14.81***	(1.00)	14.3***	(1.0)	14.33***	(0.79)

续表

变量	模型1 固定效应[a]	模型2 固定效应[a]	模型3 固定效应[a]	模型4 固定效应[a]
时间虚拟变量	已放入	已放入	已放入	已放入
固定效应 F 统计量	$F(25,140)=3.12(\text{Prob}>F=0.0000)$	$F(25,137)=3.33(\text{Prob}>F=0.0000)$	$F(25,139)=2.91(\text{Prob}>F=0.0000)$	$F(25,136)=3.25(\text{Prob}>F=0.0000)$
随机效应 BP – LM 检验	$\chi^2(1)=0.00(\text{Prob}>\chi^2=0.9655)$	$\chi^2(1)=0.07(\text{Prob}>\chi^2=0.7925)$	$\chi^2(1)=0.16(\text{Prob}>\chi^2=0.6901)$	$\chi^2(1)=0.03(\text{Prob}>\chi^2=0.8607)$
Hausman 检验	$\chi^2(16)=51.94(\text{Prob}>\chi^2=0.0000)$	$\chi^2(19)=52.45(\text{Prob}>\chi^2=0.0001)$	$\chi^2(17)=10.22(\text{Prob}>\chi^2=0.8939)$	$\chi^2(20)=66.35(\text{Prob}>\chi^2=0.0000)$
序列相关 Wooldridge 检验	$F(1,25)=6.329(\text{Prob}>F=0.0187)$	$F(1,25)=5.745(\text{Prob}>F=0.0243)$	$F(1,25)=6.279(\text{Prob}>F=0.0191)$	$F(1,25)=6.544(\text{Prob}>F=0.0170)$
截面相关 Pesaran 检验	$1.377(\text{Pr}=0.1684)$	$1.285,\text{Pr}=0.1987$	$0.913(\text{Pr}=0.3614)$	$0.592,\text{Pr}=0.5540$
固定效应组间异方差修正的 Wald 检验	$\chi^2(26)=8865.46(\text{Prob}>\chi^2=0.0000)$	$\chi^2(26)=12232.26(\text{Prob}>\chi^2=0.0000)$	$\chi^2(26)=13653.96(\text{Prob}>\chi^2=0.0000)$	$\chi^2(26)=25349.44(\text{Prob}>\chi^2=0.0000)$
Driscoll & Kraay 标准差的固定效应模型	$F(16,25)=134.48(\text{Prob}>F=0.0000)$	$F(19,25)=14.93(\text{Prob}>F=0.0000)$	$F(17,25)=458.10(\text{Prob}>F=0.0000)$	$F(20,25)=184.33(\text{Prob}>F=0.0000)$
$R^{2\,[b]}$	0.3694	0.3971	0.3894	0.4358
n	182	182	182	182

注：括号中的数值为标准差；

[a] 模型为 Driscoll & Kraay 标准差的固定效应模型（Stata 命令为 xtscc）；

[b] 模型效应模型里的 R^2 指组内 R^2；

† 表示 $p<0.1$，* 表示 $p<0.05$，** 表示 $p<0.01$，*** 表示 $p<0.001$。

表5.6 市场梯度调节作用的回归结果（被解释变量：相对外企的技术追赶）

变量	模型1 固定效应[a]		模型2 固定效应[a]		模型3 固定效应[a]		模型4 固定效应[a]	
控制变量								
技术复杂性	1.10***	(0.22)	1.07***	(0.25)	1.12***	(0.22)	1.09***	(0.25)
行业竞争	−0.15*	(0.07)	−0.16*	(0.06)	−0.15*	(0.06)	−0.15*	(0.06)
行业平均规模	0.00	(0.04)	0.00	(0.04)	0.00	(0.05)	−0.01	(0.05)
行业人均固定资产差距	−0.62*	(0.25)	−0.61*	(0.24)	−0.61*	(0.24)	−0.61*	(0.23)
技术梯度	−1.24	(0.78)	−1.00	(0.73)	−2.03†	(1.18)	−1.79	(1.24)
解释变量								
重构	−0.07†	(0.04)	−0.10*	(0.04)	−0.05	(0.03)	−0.08†	(0.04)
解构	0.02*	(0.01)	0.01	(0.01)	0.02†	(0.01)	0.01	(0.01)
其他产业解构	−0.17	(0.13)	−0.23	(0.14)	−0.16	(0.12)	−0.22†	(0.13)
研发机构解构	0.16***	(0.04)	0.11***	(0.03)	0.16***	(0.04)	0.11***	(0.02)
市场梯度	−0.05	(0.04)	−0.09	(0.06)	0.01	(0.05)	−0.02	(0.08)
乘积项								
重构 × 市场梯度			0.01	(0.04)			−0.11	(0.13)
其他产业解构 × 市场梯度			−0.59	(0.48)			−0.47	(0.51)
研发机构解构 × 市场梯度			−0.46**	(0.12)			−0.45**	(0.11)
重构 × 市场梯度					0.34†	(0.19)	0.33	(0.23)
常数项	0.23***	(0.06)	0.21**	(0.05)	0.22***	(0.05)	0.21***	(0.05)

续表

变量	模型 1 固定效应[a]	模型 2 固定效应[a]	模型 3 固定效应[a]	模型 4 固定效应[a]
时间虚拟变量	已放入	已放入	已放入	已放入
固定效应 F 统计量	$F_{(25,140)}=2.34$(Prob>F=0.0010)	$F_{(25,137)}=2.35$(Prob>F=0.0010)	$F_{(25,139)}=2.40$(Prob>F=0.0007)	$F_{(25,136)}=2.38$(Prob>F=0.0008)
随机效应 BP–LM 检验	$\chi^2_{(1)}=3.10$(Prob>χ^2=0.0784)	$\chi^2_{(1)}=2.99$(Prob>χ^2=0.0837)	$\chi^2_{(1)}=3.05$(Prob>χ^2=0.0806)	$\chi^2_{(1)}=2.77$(Prob>χ^2=0.0958)
Hausman 检验	$\chi^2_{(16)}=62.42$(Prob>χ^2=0.0000)	$\chi^2_{(19)}=63.11$(Prob>χ^2=0.0000)	$\chi^2_{(17)}=61.27$(Prob>χ^2=0.0000)	$\chi^2_{(20)}=55.56$(Prob>χ^2=0.0000)
序列相关 Wooldridge 检验	$F_{(1,25)}=1.602$(Prob>F=0.2173)	$F_{(1,25)}=4.307$(Prob>F=0.0484)	$F_{(1,25)}=2.125$(Prob>F=0.1574)	$F_{(1,25)}=5.009$(Prob>F=0.0344)
截面相关 Pesaran 检验	0.006(Pr=0.9953)	−0.317(Pr=1.24890)	−0.414(Pr=1.3214)	−0.725(Pr=1.5313)
固定效应组间异方差修正的 Wald 检验	$\chi^2_{(26)}=2547.44$(Prob>χ^2=0.0000)	$\chi^2_{(26)}=1935.40$(Prob>χ^2=0.0000)	$\chi^2_{(26)}=2225.43$(Prob>χ^2=0.0000)	$\chi^2_{(26)}=1560.18$(Prob>χ^2=0.0000)
Driscoll & Kraay 标准差的固定效应模型	$F_{(16,25)}=27.20$(Prob>F=0.0000)	$F_{(19,25)}=12.61$(Prob>F=0.0000)	$F_{(17,25)}=17.89$(Prob>F=0.0000)	$F_{(20,25)}=12.56$(Prob>F=0.0000)
R^{2b}	0.3640	0.3869	0.3777	0.3978
n	182	182	182	182

注：括号中的数值为标准差；

[a]模型为 Driscoll & Kraay 标准差的固定效应模型（Stata 命令为 xtscc）；

[b]固定效应模型里的 R^2 指组内 R^2。

† 表示 $p<0.1$，* 表示 $p<0.05$，** 表示 $p<0.01$，*** 表示 $p<0.001$。

交互效应方面，为了更简洁直观地反映技术解构和技术重构与市场梯度交互作用的实证结果，本章对统计上显著的调制关系作图，见图5.2 ~ 图5.6。

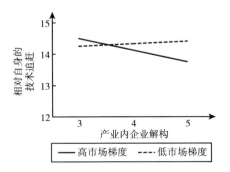

图5.2 产业内企业解构与市场梯度的交互对相对自身的技术追赶的作用

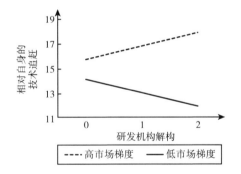

图5.3 研发机构解构与市场梯度的交互对相对自身的技术追赶的作用

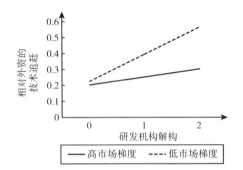

图5.4 研发机构解构与市场梯度的交互对相对外企的技术追赶的作用

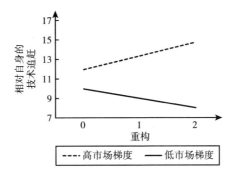

图 5.5　重构与市场梯度的交互对相对
自身的技术追赶的作用

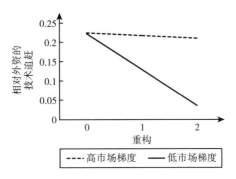

图 5.6　重构与市场梯度的交互对相对
外企的技术追赶的作用

（1）产业内企业解构与市场梯度的交互作用只对相对自身的技术追赶起作用。从图 5.2 中可以看出，市场梯度越连续，产业内企业的技术解构越负面影响相对自身的技术追赶。

（2）研发机构解构与市场梯度的交互作用对两类技术追赶作用相反。从图 5.3 和图 5.4 中可以看出，市场梯度越连续，研发机构的技术解构越能促进本土企业相对自身的技术追赶，但不利于相对外企的技术追赶。

（3）重构与市场梯度的交互作用对两类技术追赶均为正向作用。从图 5.5 和图 5.6 中可以看出，市场梯度越连续，技术重构越能促进本土企业相对自身的技术追赶和相对外企的技术追赶。

5.4.4　稳健性检验

为了测量市场梯度，在计算完每一个企业的产品均价后，需要测量这些企业价格水平的分布情况。因此，需要划定 k 个均等的连续空间，以统计企业样本在这些连续空间中的分布情况，进而计算梯度。本章将 k 设定为 10，其含义为将所有企业的按照价格水平分层可以分为 10 个等级，综合看所有层次中的企业数量的整体分布，从而识别技术梯度的程度。

考虑到中国市场可能不需要细分到 10 个层级这么多，我们对划分为 5 个层级的情况（即 k = 5）也进行了计算。然后对新算法下计算得到的市场梯度的取值进行回归，最后表明结果非常稳健。将新计算方法下得到的市场梯度分别放入相对自身和相对外企的技术追赶的回归模型中进行分析，结果见表 5.7 和表 5.8。从表 5.7 和表 5.8 中可以看出，原有假设检验的结论在此处都得到证实。

表 5.7　　　　市场梯度（新测量方式）调节作用的回归结果
（被解释变量：相对自身的技术追赶）

变量	模型 1 固定效应[a]		模型 2 固定效应[a]		模型 3 固定效应[a]		模型 4 固定效应[a]	
控制变量								
技术复杂性	17.83[†]	8.96	18.54[†]	9.54	18.71[*]	8.41	21.16[*]	8.50
行业竞争	−1.73[†]	0.94	−1.50[†]	0.86	−1.65[†]	0.94	−1.12	0.81
行业平均规模	−2.31	1.51	−2.43	1.58	−2.31	1.50	−2.59	1.58
行业人均固定资产	−16.70[***]	2.34	−17.01[***]	2.34	−16.53[***]	2.31	−16.67[***]	2.31
技术梯度	42.46[**]	13.96	39.34[*]	14.70	34.24[*]	16.31	23.94	17.94
解释变量								
重构	2.06[*]	0.90	2.56[**]	0.79	2.41[*]	0.94	3.32[***]	0.73
解构	−0.28	0.31	−0.21	0.28	−0.32	0.32	−0.22	0.28
其他产业解构	0.35	2.05	1.72	2.40	0.56	1.89	2.30	2.16
研发机构解构	−0.90	0.85	0.08	0.59	−0.93	0.86	0.11	0.64
市场梯度	5.44[†]	2.96	5.79[*]	2.67	6.09[*]	2.25	7.17[***]	1.75
乘积项								
解构 × 市场梯度			−0.21	1.24			−2.64[*]	1.21
其他产业解构 × 市场梯度			10.48	7.20			16.23[*]	6.62

续表

变量	模型 1 固定效应[a]		模型 2 固定效应[a]		模型 3 固定效应[a]		模型 4 固定效应[a]	
研发机构解构 × 市场梯度			10.76 ***	2.47			12.15 ***	2.01
重构 × 市场梯度					4.29 *	1.97	8.39 ***	1.84
常数项	14.57 ***	1.05	14.88 ***	1.11	14.50 ***	1.04	14.72 ***	1.06
时间虚拟变量	已放入		已放入		已放入		已放入	
固定效应 F 统计量	$F(25,140) = 3.08$ (Prob > F = 0.0000)		$F(25,137) = 3.32$ (Prob > F = 0.0000)		$F(25,139) = 2.95$ (Prob > F = 0.0000)		$F(25,136) = 3.26$ (Prob > F = 0.0000)	
随机效应 BP – LM 检验	$\chi^2(1) = 0.03$ (Prob > χ^2 = 0.8728)		$\chi^2(1) = 0.02$ (Prob > χ^2 = 0.8981)		$\chi^2(1) = 0.27$ (Prob > χ^2 = 0.6005)		$\chi^2(1) = 0.14$ (Prob > χ^2 = 0.7100)	
Hausman 检验	$\chi^2(16) = 62.81$ (Prob > χ^2 = 0.0000)		$\chi^2(19) = 65.79$ (Prob > χ^2 = 0.0000)		$\chi^2(17) = 95.11$ (Prob > χ^2 = 0.0000)		$\chi^2(20) = 81.26$ (Prob > χ^2 = 0.0000)	
序列相关 Wooldridge 检验	$F(1,25) = 6.644$ (Prob > F = 0.0162)		$F(1,25) = 6.096$ (Prob > F = 0.0207)		$F(1,25) = 6.498$ (Prob > F = 0.0173)		$F(1,25) = 5.750$ (Prob > F = 0.0243)	
截面相关 Pesaran 检验	1.665(Pr = 0.0958)		1.537(Pr = 0.1243)		1.588(Pr = 0.1124)		1.079(Pr = 0.2808)	
固定效应组间异方差修正的 Wald 检验	$\chi^2(26) = 8186.54$ (Prob > χ^2 = 0.0000)		$\chi^2(26) = 11287.71$ (Prob > χ^2 = 0.0000)		$\chi^2(26) = 9222.01$ (Prob > χ^2 = 0.0000)		$\chi^2(26) = 16288.73$ (Prob > χ^2 = 0.0000)	
Driscoll & Kraay 标准差的固定效应模型	$F(16,25) = 457.23$ (Prob > F = 0.0000)		$F(19,25) = 5.01$ (Prob > F = 0.0001)		$F(17,25) = 517.22$ (Prob > F = 0.0000)		$F(20,25) = 105.41$ (Prob > F = 0.0000)	
R^{2b}	0.3658		0.3930		0.3717		0.4107	
n	182		182		182		182	

注：括号中的数值为标准差；

[a]模型为 Driscoll & Kraay 标准差的固定效应模型（Stata 命令为 xtscc）；

[b]固定效应模型里的 R^2 指组内 R^2；

† 表示 $p < 0.1$，* 表示 $p < 0.05$，** 表示 $p < 0.01$，*** 表示 $p < 0.001$。

表5.8 市场梯度（新测量方式）调节作用的回归结果（被解释变量：相对外企的技术追赶）

变量	模型 1 固定效应[a]		模型 2 固定效应[a]		模型 3 固定效应[a]		模型 4 固定效应[a]	
控制变量								
技术复杂性	1.07***	(0.21)	1.06**	(0.28)	1.13***	(0.21)	1.12**	(0.30)
行业竞争	-0.14*	(0.07)	-0.15*	(0.06)	-0.14*	(0.06)	-0.15*	(0.06)
行业平均规模	0.00	(0.04)	0.01	(0.04)	0.00	(0.04)	0.00	(0.04)
行业人均固定资产差距	-0.62*	(0.24)	-0.61*	(0.25)	-0.62*	(0.24)	-0.61*	(0.24)
技术梯度	-1.15	(0.77)	-1.07	(0.75)	-1.66	(0.98)	-1.46	(0.99)
解释变量								
重构	-0.08†	(0.04)	-0.09†	(0.05)	-0.05	(0.03)	-0.07	(0.04)
解构	0.02*	(0.01)	0.01	(0.01)	0.01†	(0.01)	0.01	(0.01)
其他产业解构	-0.16	(0.13)	-0.20	(0.14)	-0.15	(0.14)	-0.18	(0.14)
研发机构解构	0.16***	(0.04)	0.14***	(0.03)	0.16***	(0.04)	0.14***	(0.03)
市场梯度	-0.13*	(0.06)	-0.14*	(0.06)	-0.09	(0.07)	-0.11	(0.06)
乘积项								
解构×市场梯度			0.08†	(0.04)			0.02	(0.07)
其他产业解构×市场梯度			-0.29	(0.58)			-0.15	(0.59)
研发机构解构×市场梯度			-0.31***	(0.08)			-0.27**	(0.07)
重构×市场梯度					0.27†	(0.14)	0.21	(0.16)
常数项	0.23***	(0.06)	0.22***	(0.05)	0.23***	(0.05)	0.22***	(0.05)

续表

变量	模型 1 固定效应[a]		模型 2 固定效应[a]		模型 3 固定效应[a]		模型 4 固定效应[a]	
时间虚拟变量	已放入		已放入		已放入		已放入	
固定效应 F 统计量	$F_{(25,140)}=2.36(Prob>F = 0.0009)$		$F_{(25,137)}=2.29(Prob>F = 0.0013)$		$F_{(25,139)}=2.36(Prob>F = 0.0009)$		$F_{(25,136)}=2.29(Prob>F = 0.0014)$	
随机效应 BP - LM 检验	$\chi^2_{(1)}=3.11(Prob>\chi^2 = 0.0776)$		$\chi^2_{(1)}=3.21(Prob>\chi^2 = 0.0732)$		$\chi^2_{(1)}=3.25(Prob>\chi^2 = 0.0715)$		$\chi^2_{(1)}=3.15(Prob>\chi^2 = 0.0761)$	
Hausman 检验	$\chi^2_{(16)}=62.80(Prob>\chi^2 = 0.0000)$		$\chi^2_{(19)}=56.18(Prob>\chi^2 = 0.0000)$		$\chi^2_{(17)}=63.99(Prob>\chi^2 = 0.0000)$		$\chi^2_{(20)}=61.76(Prob>\chi^2 = 0.0000)$	
序列相关 Wooldridge 检验	$F_{(1,25)}=1.609(Prob>F = 0.2163)$		$F_{(1,25)}=3.518(Prob>F = 0.0724)$		$F_{(1,25)}=1.885(Prob>F = 0.1820)$		$F_{(1,25)}=4.365(Prob>F = 0.0470)$	
截面相关 Pesaran 检验	$-0.043(Pr=1.0341)$		$-0.263(Pr=1.2073)$		$-0.285(Pr=1.2242)$		$-0.419(Pr=1.3246)$	
固定效应组间异方差修正的 Wald 检验	$\chi^2_{(26)}=2354.23(Prob>\chi^2 = 0.0000)$		$\chi^2_{(26)}=2480.49(Prob>\chi^2 = 0.0000)$		$\chi^2_{(26)}=1942.18(Prob>\chi^2 = 0.0000)$		$\chi^2_{(26)}=2051.78(Prob>\chi^2 = 0.0000)$	
Driscoll & Kraay 标准差的固定效应模型	$F_{(16,25)}=31.27(Prob>F = 0.0000)$		$F_{(19,25)}=15.21(Prob>F = 0.0000)$		$F_{(17,25)}=62.07(Prob>F = 0.0000)$		$F_{(20,25)}=15.40(Prob>F = 0.0000)$	
$R^{2[b]}$	0.3655		0.3746		0.3729		0.3782	
n	182		182		182		182	

注：括号中的数值为标准差；

[a] 模型固定效应模型的固定效应模型（Stata 命令为 xtscc）；

[b] 固定效应模型里的 R^2 指组内 R^2；

† 表示 $p<0.1$，* 表示 $p<0.05$，** 表示 $p<0.01$，*** 表示 $p<0.001$。

5.5　结论与讨论

5.5.1　结论

采用中国制造业 26 个行业 2001～2007 年的面板数据，我们实证检验了市场梯度及其与技术解构和重构的交互作用在追赶绩效中的影响机制。结果表明：（1）市场梯度越连续的产业，产业内本土企业越能以更快的速度提升技术水平，但未必能更快地与外资企业缩小技术差距。（2）市场梯度越连续，产业内企业的技术解构越负面影响相对自身的技术追赶，但对相对外企的技术追赶的作用不显著。（3）市场梯度越连续，研发机构的技术解构越能促进本土企业相对自身的技术追赶，但不利于相对外企的技术追赶。（4）市场梯度越连续，技术重构越能促进本土企业相对自身的技术追赶和相对外企的技术追赶。

5.5.2　讨论

实证结果中有几点有趣的结论值得讨论。

首先，关于主效应，为何市场梯度仅显著正向影响本土企业相对自身的技术追赶，而对相对外企的技术追赶的作用不显著？这意味着当市场梯度越连续时，本土企业能以更快的速度提高技术水平，但同时外资企业也同样能利用技术梯度提升技术水平，所以并不能使与外资企业技术水平的差距以更快的速度缩小。市场梯度连续的产业内蕴含的丰富的资源与机会，对本土和外资企业都能起到促进作用，如果本土企业不能比外资企业更高效地利用这些资源和机会，那么本土企业就无法更快地缩小与外资企业的差距。

其次，关于交互作用，为何市场梯度越连续，产业内企业的技术解构越负面影响相对于自身的技术追赶？一个可能的解释是，尽管在市场梯度连续的产业中，市场上存在的产业种类数量非常多，而且这些产品依据其市场定位在技术性能和质量等方面差异非常大，这为技术解构提供了丰富的素材和机会。但是，市场梯度越连续，也意味着有更多的本土企业所定位的市场与外资领先企业的市场较为接近甚至交叉。在这种情形下，本土企业开展技术解构活动很容易招致国外同行领先企业的警惕和封锁，反向工程等技术解构方式操作越来越困难，产业内企业的解构活动更难产生直接的效益。

最后，关于交互作用，为何市场梯度越连续，研发机构的技术解构越能促进本土企业相对于自身的技术追赶，但不利于相对于外企的技术追赶？与产业内企业技术解构不同，在市场梯度连续的产业里，研发机构的技术解构能提升产业内企业的技术发展速度。这也间接说明，产业内企业的技术解构更容易招致国外同行领先企业的警惕和封锁，而研发机构由于与外资企业不存在直接的竞争，其技术解构很好地促进了本土企业的技术更快发展。但是，在市场梯度连续的产业内，研发机构的技术解构活动不利于促进更快地缩小本土企业与外资企业技术差距。这说明外资企业市场连续的产业里比本土企业更能从研发机构的技术解构活动中获益。

本章研究存在以下三方面的理论贡献。第一，本章通过引入市场梯度这一重要的市场情境因素丰富了新兴经济体产业追赶的文献。已有研究主要从市场规模和市场分割特性的角度来分析市场情境对于追赶的重要性（Liu，2010；Mu & Lee，2005；Mazzoleni & Nelson，2007）。经典的"结构—行为—绩效"分析范式尽管强调了市场结构对产业绩效的重要性，但产业经济学对市场结构的关注主要是指市场规模、市场集中度和产品差异化等因素（刘小玄，2003）。本章提出市场梯度的概念，丰富了产业追赶文献中对市场情境进行刻画的方式，并证实了该因素对技术追赶的重要性。第二，本章发现，市场梯度在本土企业通过利用技术解构以达到技术追赶目的过程中起到的作用较为复杂，未来研究在探讨市场梯度与技术学习的交互对追赶绩效的影响时，需要考虑技术学习的类型。总的来讲，在市场梯度连续的产业里，产业内企业的技术解构更容易招致国外同行领先企业的警惕和封锁，而研发机构由于与外资企业不存在直接的竞争，其技术解构可以很好地促进本土企业的技术发展。第三，本章证实了市场梯度的连续性在本土企业通过利用技术重构以达到技术追赶目的过程中的重要性。在市场梯度连续的产业里，产业技术重构活动能使得本土企业以相对自身过去更快的速度提升技术水平，更重要的是，还能更快地缩小其与外资企业的技术差距。这也就是说，相对于外资企业而言，在市场梯度连续的产业里，本土企业更能从产业技术重构活动中获得更快的技术水平的提升。

本章研究对政府政策制度也有启示意义。首先，市场梯度的存在能够促使本土企业以更快的速度提升技术水平。政府应该积极引导各产业向市场多元化的方向发展，鼓励产业内的企业基于自身的已有市场积极地向高端或者低端延伸，并避免产业内企业的同质化市场定位和垄断。其次，技术重构是提升本土企业技术发展水平的主要促进因素。政府应积极营造创新的氛围，鼓励企业家们积极开展技术重构活动。同时，可以对企业进行培训，扩展它们开展技术重构活动的思路，鼓励企业从国内外、多种渠道获取技术重构的元素和灵感。最后，政府应该积极培育各种研究开发机构，推动产业的技术解构更有效地开展。

本章研究还存在一些不足和值得未来进一步讨论的地方。由于数据可得性的制约，本章仅针对二位行业代码的制造业产业进行了检验，如果条件允许，未来研究可以用三位行业代码或四位行业代码进行验证，以检验本章研究结论的概化能力。

第6章 子研究4：所有制结构与追赶

6.1 引言

探究发展中国家产业的技术追赶，制度情境因素是其中不容忽视的一个因素。在经历了30多年的经济转型后，中国已形成一个国有企业、民营企业和外资企业共存的格局。尽管一个强大的中央直属企业群体在产业中的强势地位已经弱化了许多，但它在很长一段时间内仍然成为中国体制的一个必然特征。随着民营经济在国家经济中比重的提升，民营企业的地位已经不容置疑，曾经对民营企业进入资本密集型的战略性产业所设定政策性壁垒也在加速放开（孙早、王文，2011）。

新兴经济体普遍关注大企业对追赶的关键作用。日本和韩国的追赶模式的一个典型特征就是大财阀（产业集团）与政府之间紧密的共生关系。作为政府追求赶超发达国家的主要实现工具，这些大财阀受到了政府巨大的政策倾斜，在许多产业的技术（如日本的半导体、韩国的电子产业等）的追赶中扮演了重要角色。但是，政府对大财阀的过度倾斜，使得这些大财阀对资金、人力等资源过度占据，挤压了小企业的资源空间，不利于创业和小企业发展（Anchordoguy，2000）。恩斯特（1998）指出，政府和大财阀之间的共生关系、对信贷的高度依赖及不可持续、极端不平衡的产业结构导致的知识基狭窄和极端的专业化，将使得韩国的追赶模式不可持续。因此，尽管大企业对于技术追赶的重要性不容忽视，培育适宜创业和小企业发展的环境也非常关键。

反映不同产权性质的企业间比例关系的产业所有制结构（尤其是其中的国有比重）在一定程度上能体现出政府对该产业的政策性资源倾斜程度和产

业内资源配置特征。因此，对产业所有制结构对于追赶绩效的影响进行实证非常有必要。这在一定程度上能为科学确定新时期国家产业政策的调整方向和实施重点提供经验证据。正如哈耶克质疑兰格的"市场社会主义理论"时所述的那样，仅把注意力放在竞争性产品市场的培育上，而不触及企业产权性质，无法从根本上解决产业资源配置效率低下的问题（孙早、王文，2011）。不同所有制形式的企业在战略目标、竞争战略和知识创造上均存在显著差异（江诗松、龚丽敏、魏江，2011b）。高旭东研究指出，国有企业走向技术创新前沿有组织良好的技术转移、从事新兴技术、重新发明成熟技术三种策略，内部研发能力对三种策略都至关重要（Gao，2019）。

但是，已有的关于所有制结构的研究基本上都聚焦于企业的所有制结构，讨论其对企业的绩效、竞争策略、并购行为等方面的影响（Gao，2019）。这类相对微观的研究并不能回答产业所有制结构如何影响产业的技术追赶的问题。迄今为止，对产业所有制结构对于追赶绩效的影响的实证非常少。尽管孙早和王文（2011）采用2003～2008年的产业层数据对产业所有制结构变化对于产业绩效的影响进行了实证，但是他们着重关注的是产业的当下绩效情况，而没有对追赶的绩效进行刻画和实证。产业当下所取得的创新成绩不能完全反映产业的追赶情况，尤其是不能反映与西方领先企业的差距的变化。陈爱贞、刘志彪和吴福象（2008）指出，本土企业自身技术水平的提升并不一定意味着其与跨国公司的技术差距的缩小。相反，如果跨国公司的技术水平以更快的速度提升，可能会进一步挤压本土企业的市场空间，从而削弱本土企业技术升级的支撑。因此，本章对产业所有制结构在追赶绩效中的影响进行实证检验。

6.2 假 设 提 出

6.2.1 所有制结构与追赶绩效

在经济发展和技术追赶中，政府的作用一直受到广泛关注。例如，韩国的经济追赶很大程度上被归功于国家主导的技术发展战略（Kim，1997；Wade，1990）。政府设计了一系列科学技术政策去刺激企业的学习和创新活动，这些政策工具包括：促进战略性产业的研发投入；关于政府资助的研究机构，设立专利规章和法律；从国外引进先进技术和发起国家战略项目等。

政府对不同产业影响的差异，一定程度上可以从产业的所有制结构看出。一个产业的所有制结构中，国有比重越高，意味着政府对该产业的资源投入越大。在一些战略性的产业里，如电力、石油、炼油和汽车，国有企业的比重非常高，国家对这些产业的资源投入也都向这些国有企业集中。资源的丰裕能为产业实现技术的追赶提供巨大的机会。因为创新的过程需要消耗大量资源，发展中国家的企业相对西方领先企业往往在技术、人力和资金资源上具有劣势，只能靠低成本等优势进入产业链的低端环节，而且容易陷入低端锁定。但是，在国家资源投入较多的产业里，该产业的企业能够有足够的资源和机会去进行试错，进而更有可能实现技术的追赶。此外，政府通过直接干预或者产业创新政策来促进产业技术能力构建，那些不以短期盈利为目的的政府目标和长期化政策对于产业内企业的创新有着积极的作用（Chang, Chung & Mahmood，2006）。

但同时，也有研究指出，虽然国有企业在规模、技术及资金等资源上拥有优势，但因为治理结构和激励机制会影响其资源利用的效率和创新的能力。因此，当一个行业内所有制结构中国有比重越高时，往往意味着该产业的资源配置效率相对较低。采用一个简单的"委托—代理"理论分析框架，维克斯和亚宁（2006）分析了产业所有制结构对产业绩效的作用机理。假定产业中的企业分为国有与民营两大类，当产业所有制结构中国有的比重降低、民营的比重升高时，若新的市场监管机制能够及时到位，作为代理人的管理层便会有更强动机去创新和降低成本，提升企业内部的学习机制。随着国有企业和民营企业此消彼长这一过程的进行，产业内资源配置效率将得到提高，进而改善产业的绩效（刘小玄，2004；孙早、王文，2011）。

尽管从资源供给丰裕度和资源配置效率的视角出发，所有制结构中国有比重对产业追赶绩效的影响截然相反。但我们认为，总体上资源供给丰裕产生的正向影响要高于资源配置效率低下产生的负面影响。这是因为，在中国这样的转型经济体中，政府在工业化过程中扮演着异常重要的角色，甚至通过直接干预或者产业创新政策来促进产业技术能力构建（Choi, Lee & Williams，2011）。当政府对特定产业给予过度的资源倾斜时，会直接对该产业的技术发展产生重要影响。张海金、钟嘉浩和马哈茂德（Chang, Chung &

Mahmood，2006）也指出，那些不以短期盈利为目的的政府目标和长期化政策对于产业内企业的创新有着积极的作用。本桥和云晓（Motohashi & Yun，2007）也指出，中国国有企业在20世纪末积极的科技外包活动有力地促进了产业创新活动的增加。因此，本章提出以下假设。

假设9：行业国有资产比重越高，追赶绩效越高。

6.2.2 技术解构和重构与所有制结构的交互

一个产业的追赶绩效是该产业的技术努力与可获得的资源两者相互作用的结果（Lee & Lim，2001）。一个产业的所有制结构中的国有比重越高时，往往意味着政府对该产业的资源投入越大。在这样的产业里，如果企业普遍在消化吸收引进的技术上存在困难，政府甚至可能专门为此技术的消化在全国范围内组织技术人员团队开展专题技术攻关。以本书子研究1中的企业案例（杭氧）所在的技术装备产业为例，"九五"期间，国家组织了十多个行业、近千家企业和大专院校、近万名科技人员参与攻关专题项目245个、研制经费约16.96亿元，来支持重大技术装备的国产化（国家发展改革委高技术产业司，2005）。

技术解构指后发企业通过一些策略性做法以降低技术获取的成本、资源需求以及时间耗费，或者是通过对外部资源的利用来降低吸收外部技术所需要的能力门槛。在国有企业比重较高的产业内，可利用的资源相对丰富，企业的技术解构更容易真正得到"落地"，进而促进产业技术水平的提高。而且，在这样的产业内，企业更有动力也更有资源基础去追赶相对长远的技术目标。

对于后发企业而言，技术重构强调在产品和技术发展中将来自不同外部来源的技术专长与企业内部自身的技术专长加以整合，进而针对特定的市场需求进行技术的本土化发展，从而更好地利用市场中所蕴含的机会。当产业国有企业比重较高时，政府给予的资源倾向也能使企业的技术重构活动可以纳入更多的元素来进行创新，因而产生更好的绩效。例如，政府通过政府采购对特定产业进行扶持时，本土企业可以借助政府采购这块市场进行针对性的创新，并在这个创新过程中积累技术能力。此外，以高铁行业为例，国家以整个中国的高铁市场去跟国外领先企业进行技术合作上的谈判，这种讨价还价的能力远强于单个企业向外资企业寻求技术合作时的讨价还价能力。这种做法使得本土企业能够更快、更低价地获得与国家领先企业技术合作的机会，从而使得本土企业的技术重构活动能够纳入更多、更丰富的元素，进而促进本土企业技术的追赶。

基于此，本章提出以下假设。

假设10：行业国有资产比重越高，技术解构对追赶绩效的正向作用越强。

假设11：行业国有资产比重越高，技术重构对追赶绩效的正向作用越强。

6.3   研究方法

6.3.1   样本选择与数据搜集

本章研究着重关注产业所有制结构（国有资产比重）及其与技术解构和重构的交互在技术追赶中的影响机制，并展开实证检验。与子研究2类似，本章仍旧以制造业产业的26个二位代码行业作为研究对象，从《中国统计年鉴》《中国科技统计年鉴》《中国工业企业数据库》《中国工业产品产量数据库》四个来源获取数据。搜集的数据仍为2001~2007年的26个产业的面板数据，其中解释变量提前一年。技术解构和重构的测量，具体可见子研究1。被解释变量（相对自身的技术追赶和相对外资的技术追赶）和控制变量在子研究2有说明，具体可见子研究2。关于所有制结构（国有资产结构）的测量，本章进行详细说明。

6.3.2   变量测度与数据处理

本章中产业所有制结构由行业国有资产比重来反映，即规模以上企业中国有及国有控股工业企业资产占规模以上工业企业资产的比重，具体见表6.1。由于本章用产业国有资产的比重来衡量该产业的所有制结构，在数据模型和分析结果中均用国有资产比重来体现。

表6.1   所有制结构的测量和数据来源

变量	测度	涉及指标	来源及年份
行业国有资产比重	规模以上（国有）企业的资产/规模以上企业的资产	规模以上企业及国有企业：资产	《中国统计年鉴》2000~2006年

6.3.3　数据分析方法

本章采用 STATA 软件进行面板数据的描述性统计分析、相关分析和回归分析。面板数据回归模型面临着对固定效应模型、随机效应模型还是混合最小二乘模型的选择问题。具体可根据固定效应模型 F 统计量结果、BP – LM 检验结果和 Hausman 检验结果来进行模型选择。此外，还需要对数据是否存在异方差、序列相关和横截面相关进行检验并处理。对于固定效应模型，可以采用以 Driscoll & Kraay 方法估计标准误差的固定效应模型应对异方差和自相关的问题（Driscoll & Kraay，1998）。

本章的回归分析采用多元层次回归。在模型 1 中，放入核心解释变量和控制变量进行回归；模型 2 在模型 1 的基础上增加技术解构这一核心变量（3 个指标）与调节变量所有制结构的乘积项进行回归；模型 3 在模型 1 的基础上增加技术重构这一核心变量与调节变量所有制结构的乘积项进行回归；模型 4 则将所有解释变量和所有与调节效应相关的乘积项放入进行回归。

考虑到部分变量之间存在一定程度的高相关，为了检验结果的稳健性，本章进行了稳健性检验。详细结果见第 6.4.4 小节。

6.4　研究结果

6.4.1　描述性统计与相关分析

表 6.2 展示了子研究 3 的描述性统计和相关系数。从相关系数矩阵中可以看出，所有制结构（即国有资产比重）与行业人均固定资产和行业人均固定资产差距分别有着 0.58 和 0.59 的较高相关系数。为避免潜在的多重共线性的影响，本章做了一些稳健性检验，具体在第 6.4.4 小节讨论。而所有制结构与技术重构和研发机构的技术解构的相关性要远高于与产业内企业技术结构和其他产业技术重构的相关性。

表 6.2

子研究 4 描述性统计与相关系数

变量	均值	标准差	最小值	最大值	1	2	3	4	5	6	7	8	9	10	11
1 相对自身的技术追赶	8.49	3.66	-10.76	11.33											
2 相对外企的技术追赶	0.07	0.19	-1.76	1.20	0.32***										
3 技术复杂性	0.05	0.05	0.00	0.31	0.11	0.03									
4 行业竞争	6.47	0.78	4.26	7.93	0.14†	0.02	-0.09								
5 行业平均规模	6.94	0.40	5.99	8.62	0.05	-0.03	-0.10	0.04							
6 行业人均固定资产	1.90	0.54	0.81	3.30	0.14†	-0.12	0.39***	0.15*	0.26***						
7 行业人均固定资产差距	-0.46	0.41	-1.35	1.56	-0.24**	-0.21**	-0.24**	-0.24**	0.10	-0.40***					
8 重构	1.44	0.86	0.16	3.86	0.03	0.02	0.06	0.36***	0.09	0.20**	-0.14†				
9 解构	0.88	0.75	0.00	4.35	0.15*	0.03	0.10	0.25***	0.00	0.21**	-0.01	0.38***			
10 其他产业解构	0.40	0.37	0.08	1.38	0.15*	-0.01	0.30***	0.01	-0.04	0.45***	-0.20**	0.10	0.15†		
11 研发机构解构	0.65	0.80	0.00	3.93	-0.10	0.13†	-0.12	0.05	-0.29***	0.02	-0.02	0.28***	0.04	0.08	
12 国有资产比重	0.35	0.20	0.01	0.88	0.06	0.03	0.23**	0.20**	0.30***	0.58***	-0.59***	0.34***	0.04	0.09	0.30***

注: † 表示 $p < 0.1$, * 表示 $p < 0.05$, ** 表示 $p < 0.01$, *** 表示 $p < 0.001$。

6.4.2 多重共线性、异方差和序列相关检验

从表6.2的相关系数矩阵中可以看出，所有制结构（也即国有资产比重）与行业人均固定资产和行业人均固定资产差距的相关系数（分别为0.58和0.59）有些偏高。但在相对自身的技术追赶的回归模型中，包含时间虚拟变量在内的所有解释变量，方差膨胀因子为1.32～5.67不等。在相对外企的技术追赶的回归模型中，方差膨胀因子为1.26～4.46不等。方差膨胀因子均低于10这一常用的经验标准。这说明本章研究的多重共线性问题不严重。尽管如此，为避免潜在的多重共线性的影响，本章仍做了稳健性检验，详见第6.4.4小节。

从表6.3中可以看到，在相对自身的技术追赶的回归模型中，固定效应F统计量、随机效应 BP－LM 检验和 Hausman 检验的结果均显示固定效应模型更为适合。Pesaran 检验显示不存在截面相关的问题。但 Wooldridge 检验和修正的 Wald 检验分别显示存在序列相关和组间异方差的问题。因此，我们采用使用 Driscoll & Kraay 标准差的固定效应模型进行回归（Driscoll & Kraay，1998）。

从表6.4中可以看到，在相对外企的技术追赶的回归模型中，模型选择仍为固定效应模型。且不存在序列相关和截面相关的问题，但仍旧存在组间异方差的问题，因此，采用 Driscoll & Kraay 标准差的固定效应模型进行回归。

6.4.3 回归分析结果

以相对自身的技术追赶作为被解释变量的回归分析结果，见表6.3。固定效应模型的 R^2 指组内 R^2，四个模型的 R^2 分别为 0.3109、0.3215、0.3136 和 0.3246，均表现出很好的拟合度。在以相对外企的技术追赶作为被解释变量的回归分析结果中，四个模型的 R^2 分别为 0.3746、0.3879、0.3772 和 0.3914，均表现出很好的拟合度，详细见表6.4。

从回归结果可以看出，所有制结构以及它与技术解构和技术重构的交互对相对自身的技术追赶和相对外企的技术追赶有着截然不同的影响。具体来

表 6.3　所有制结构调节作用的回归结果（被解释变量：相对自身的技术追赶）

变量	模型 1 固定效应[a]		模型 2 固定效应[a]		模型 3 固定效应[a]		模型 4 固定效应[a]	
控制变量								
技术复杂性	15.30	(9.53)	19.50†	(10.80)	14.12	(9.18)	18.27†	(10.50)
行业竞争	-2.92*	(1.34)	-2.89*	(1.32)	-2.93*	(1.41)	-2.879*	(1.40)
行业平均规模	-2.53†	(1.28)	-2.84†	(1.44)	-2.69†	(1.37)	-3.049†	(1.55)
行业人均固定资产	-16.45***	(2.54)	-16.73***	(2.40)	-16.65***	(2.62)	-17.00***	(2.46)
解释变量								
重构	2.13*	(0.90)	1.88†	(0.99)	2.243*	(0.92)	1.92†	(1.03)
解构	-0.03	(0.22)	-0.06	(0.24)	-0.03	(0.21)	-0.05	(0.24)
其他产业解构	1.35	(1.62)	0.75	(1.22)	0.96	(1.55)	0.34	(1.09)
研发机构解构	-1.22	(0.73)	-1.22†	(0.68)	-1.29†	(0.75)	-1.22†	(0.68)
国有资产比重	3.30	(6.86)	5.67	(6.97)	2.71	(7.01)	5.11	(7.20)
乘积项								
解构×国有资产比重			1.65	(1.28)			1.29	(1.16)
其他产业解构×国有资产比重			-9.44	(5.80)			-9.51	(5.80)
研发机构解构×国有资产比重			-1.41	(1.33)			-2.02	(1.49)
重构×国有资产比重					2.28†	(1.18)	2.50†	(1.26)
常数项	14.07***	(1.69)	14.52***	(1.66)	13.92***	(1.73)	14.44***	(1.71)

续表

变量	模型 1 固定效应[a] 已放入	模型 2 固定效应[a] 已放入	模型 3 固定效应[a] 已放入	模型 4 固定效应[a] 已放入
时间虚拟变量	已放入	已放入	已放入	已放入
固定效应 F 统计量	$F_{(25,147)} = 2.86$ ($Prob > F = 0.0000$)	$F_{(25,138)} = 2.75$ ($Prob > F = 0.0001$)	$F_{(25,140)} = 2.79$ ($Prob > F = 0.0001$)	$F_{(25,137)} = 2.67$ ($Prob > F = 0.0002$)
随机效应 BP – LM 检验	$\chi^2_{(1)} = 0.02$ ($Prob > \chi^2 = 0.8852$)	$\chi^2_{(1)} = 0.05$ ($Prob > \chi^2 = 0.8216$)	$\chi^2_{(1)} = 0.00$ ($Prob > \chi^2 = 0.9980$)	$\chi^2_{(1)} = 0.00$ ($Prob > \chi^2 = 0.9858$)
Hausman 检验	$\chi^2_{(15)} = 46.76$ ($Prob > \chi^2 = 0.0000$)	$\chi^2_{(18)} = 42.31$ ($Prob > \chi^2 = 0.0010$)	$\chi^2_{(16)} = 45.87$ ($Prob > \chi^2 = 0.0001$)	$\chi^2_{(19)} = 41.07$ ($Prob > \chi^2 = 0.0024$)
序列相关 Wooldridge 检验	$F_{(1,25)} = 7.303$ ($Prob > F = 0.0122$)	$F_{(1,25)} = 8.104$ ($Prob > F = 0.0087$)	$F_{(1,25)} = 7.623$ ($Prob > F = 0.0106$)	$F_{(1,25)} = 8.408$ ($Prob > F = 0.0077$)
截面相关 Pesaran 检验	1.601 ($Pr = 0.1094$)	0.965 ($Pr = 0.3344$)	1.545 ($Pr = 0.1225$)	1.106 ($Pr = 0.2686$)
固定效应组间异方差修正的 Wald 检验	$\chi^2_{(26)} = 12982.34$ ($Prob > \chi^2 = 0.0000$)	$\chi^2_{(26)} = 8894.77$ ($Prob > \chi^2 = 0.0000$)	$\chi^2_{(26)} = 13569.62$ ($Prob > \chi^2 = 0.0000$)	$\chi^2_{(26)} = 11168.01$ ($Prob > \chi^2 = 0.0000$)
Driscoll & Kraay 标准差的固定效应模型	$F_{(15,25)} = 306.78$ ($Prob > F = 0.0000$)	$F_{(18,25)} = 123.45$ ($Prob > F = 0.0000$)	$F_{(16,25)} = 752.05$ ($Prob > F = 0.0000$)	$F_{(19,25)} = 47.87$ ($Prob > F = 0.0000$)
R^{2b}	0.3109	0.3215	0.3136	0.3246
n	182	182	182	182

注：括号中的数值为标准差；

[a] 模型为 Driscoll & Kraay 标准差的固定效应模型（Stata 命令为 xtscc）；

[b] 固定效应模型里的 R^2 指组内 R^2。

† 表示 $p < 0.1$，* 表示 $p < 0.05$，** 表示 $p < 0.01$，*** 表示 $p < 0.001$。

表6.4 所有制结构调节作用的回归结果（被解释变量：相对外企的技术追赶）

变量	模型 1 固定效应[a]		模型 2 固定效应[a]		模型 3 固定效应[a]		模型 4 固定效应[a]	
控制变量								
技术复杂性	0.88**	(0.2?)	0.63**	(0.20)	0.95***	(0.24)	0.71**	(0.22)
行业竞争	-0.21*	(0.09)	-0.22*	(0.09)	-0.21*	(0.08)	-0.22*	(0.08)
行业平均规模	-0.10	(0.08)	-0.08	(0.09)	-0.09	(0.07)	-0.07	(0.08)
行业人均固定资产差距	-0.63*	(0.26)	-0.66*	(0.26)	-0.63*	(0.26)	-0.66*	(0.25)
解释变量								
重构	-0.09*	(0.04)	-0.06	(0.05)	-0.09*	(0.04)	-0.06	(0.04)
解构	0.01	(0.01)	0.01	(0.01)	0.01	(0.01)	0.01	(0.01)
其他产业解构	-0.10	(0.12)	-0.07	(0.10)	-0.08	(0.12)	-0.05	(0.10)
研发机构解构	0.16**	(0.04)	0.15**	(0.04)	0.16**	(0.04)	0.15***	(0.04)
国有资产比重	1.08†	(0.55)	0.95†	(0.50)	1.11*	(0.52)	0.99*	(0.47)
乘积项								
解构×国有资产比重			-0.07	(0.07)			-0.05	(0.07)
其他产业解构×国有资产比重			0.58**	(0.20)			0.58**	(0.20)
研发机构解构×国有资产比重			0.15	(0.10)			0.19†	(0.10)
重构×国有资产比重					-0.13***	(0.03)	-0.15***	(0.04)
常数项	0.40**	(0.13)	0.38**	(0.12)	0.41**	(0.13)	0.39**	(0.12)

续表

变量	模型 1 固定效应[a]	模型 2 固定效应[a]	模型 3 固定效应[a]	模型 4 固定效应[a]
时间虚拟变量	已放入	已放入	已放入	已放入
固定效应 F 统计量	$F_{(25,141)}=2.06(\mathrm{Prob}>F=0.0046)$	$F_{(25,138)}=2.12(\mathrm{Prob}>F=0.0033)$	$F_{(25,140)}=2.06(\mathrm{Prob}>F=0.0045)$	$F_{(25,137)}=2.12(\mathrm{Prob}>F=0.0033)$
随机效应 BP – LM 检验	$\chi^2_{(1)}=3.17(\mathrm{Prob}>\chi^2=0.0906)$	$\chi^2_{(1)}=2.95(\mathrm{Prob}>\chi^2=0.0859)$	$\chi^2_{(1)}=3.20(\mathrm{Prob}>\chi^2=0.0735)$	$\chi^2_{(1)}=2.97(\mathrm{Prob}>\chi^2=0.0847)$
Hausman 检验	$\chi^2_{(15)}=56.13(\mathrm{Prob}>\chi^2=0.0000)$	$\chi^2_{(18)}=59.23(\mathrm{Prob}>\chi^2=0.0000)$	$\chi^2_{(16)}=56.64(\mathrm{Prob}>\chi^2=0.0000)$	$\chi^2_{(13)}=59.79(\mathrm{Prob}>\chi^2=0.0000)$
序列相关 Wooldridge 检验	$F_{(1,25)}=1.236(\mathrm{Prob}>F=0.2768)$	$F_{(1,25)}=1.283(\mathrm{Prob}>F=0.2681)$	$F_{(1,25)}=1.388(\mathrm{Prob}>F=0.2499)$	$F_{(1,25)}=1.397(\mathrm{Prob}>F=0.2484)$
截面相关 Pesaran 检验	$-0.408(\mathrm{Pr}=1.3169)$	$-0.373(\mathrm{Pr}=1.2907)$	$-0.432(\mathrm{Pr}=1.3340)$	$-0.419(\mathrm{Pr}=1.3247)$
固定效应组间异方差修正 Wald 检验	$\chi^2_{(26)}=1838.50(\mathrm{Prob}>\chi^2=0.0000)$	$\chi^2_{(26)}=2098.53(\mathrm{Prob}>\chi^2=0.0000)$	$\chi^2_{(26)}=1519.35(\mathrm{Prob}>\chi^2=0.0000)$	$\chi^2_{(26)}=1369.15(\mathrm{Prob}>\chi^2=0.0000)$
Driscoll & Kraay 标准差的固定效应模型	$F_{(15,25)}=56.92(\mathrm{Prob}>F=0.0000)$	$F_{(18,25)}=49.13(\mathrm{Prob}>F=0.0000)$	$F_{(16,25)}=29.59(\mathrm{Prob}>F=0.0000)$	$F_{(19,25)}=50.91(\mathrm{Prob}>F=0.0000)$
$R^{2[b]}$	0.3746	0.3879	0.3772	0.3914
n	182	182	182	182

注：括号中的数值为标准差；

[a]模型为 Driscoll & Kraay 标准差的固定效应模型（Stata 命令为 xtscc）；

[b]固定效应模型里的 R^2 指组内 R^2；

† 表示 $p<0.1$，* 表示 $p<0.05$，** 表示 $p<0.01$，*** 表示 $p<0.001$。

讲，主效应方面，所有制结构（国有资产比重）对本土企业相对自身的技术追赶的影响并不显著，这可能是由于国有资产比重高带来的资源充裕的正向作用和资源配置效率低的负面作用两方面影响共同作用的结果。相对于外企的技术追赶，国有资产比重对本土企业的正向作用更强，所以出现与外企差距的缩小，这与我们的预期较为符合。在国有资产比重高的产业，本土企业获得了政府更多的资源支持，这种支持显然是倾斜于本土企业而不是外资企业，因此，本土企业相对外企能表现出更高的成长速度。

交互效应方面，为更简洁直观地反映技术解构和技术重构与国有资产比重交互作用的实证结果，本章对统计上显著的调制关系作图，见图 6.1 ~ 图 6.4。

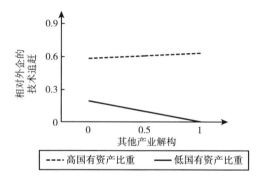

图 6.1　其他产业解构与国有资产比重的交互对相对
外企的技术追赶的作用

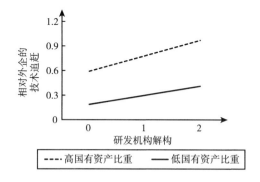

图 6.2　研发机构解构与国有资产比重的交互对相对
外企的技术追赶的作用

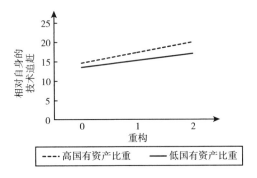

**图 6.3　重构与国有资产比重的交互对相对
自身的技术追赶的作用**

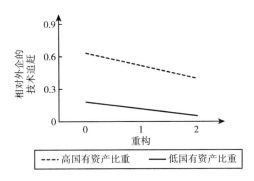

**图 6.4　重构与国有资产比重的交互对相对
外企的技术追赶的作用**

（1）技术解构与国有资产比重的交互正向影响相对外企的技术追赶，而对相对自身的技术追赶的影响不显著。

从图 6.1 中可以看出，其他产业解构与国有资产比重的交互作用只对相对外企的技术追赶起作用。国有资产比重越高，其他产业的技术解构越能正向影响焦点产业相对外企的技术追赶。

从图 6.2 中可以看出，研发机构解构与国有资产比重的交互作用只对相对外企的技术追赶起作用。国有资产比重越高，研发机构的技术解构越能正向影响相对外企的技术追赶。

（2）技术重构与国有资产比重的交互作用正向影响相对自身的技术追赶，却负向影响相对外企的技术追赶。

从图 6.3 和图 6.4 中可以看出，国有资产比重越高，技术重构越正向影响相对自身的技术追赶，但越负面影响相对外企的技术追赶。

6.4.4　稳健性检验

考虑到所有制结构（即国有资产比重）与行业人均固定资产和行业人均固定资产差距分别有着 0.58 和 0.59 的较高相关系数。为避免潜在的多重共线性的影响，本章做了两项稳健性检验。在相对于自身的技术追赶和相对于外企的技术追赶的回归模型中，分别剔除控制变量行业人均固定资产和行业人均固定资产差距，回归结果与本章的结论非常一致。限于篇幅，此处不再详细报告。

6.5　结论与讨论

6.5.1　结论

本章采用中国制造业 26 个行业 2001～2007 年的面板数据，实证检验了所有制结构及其与技术解构和重构的交互作用在追赶绩效中的影响机制。结果表明：（1）所有制结构中国有资产比重的高低对本土企业相对自身的技术追赶的影响并不显著，但国有资产比重高有利于本土企业相对外企的技术追赶。（2）国有资产比重越高（低），并不会使得技术解构对相对自身的技术追赶产生更高（低）的影响，但是却能使技术解构对相对外企的技术追赶产生更正面（负面）影响。（3）关于技术重构，在国有资产比重高的产业里，本土企业自身能从技术解构活动中获得更快的技术提升速度；但是在这样的产业里，它们的技术水平的提升速度不如外企快，导致其与外企差距的增大。

6.5.2　讨论

实证结果中有几点有趣的结论值得讨论。

首先，关于主效应，为何所有制结构只对相对外企的技术追赶产生影响？所有制结构中国有资产比重的高低对本土企业相对自身的技术追赶的影响并不显著，不是我们预期的正向作用。这可能意味着国有比重高导致资源配置效率低的问题存在，且不容忽视。产业国有资产比重高，一方面能带来的资源充裕可以促进技术追赶，另一方面导致的资源配置效率低下又不利于技术的追赶，两者影响的共同作用使得所有制结构对相对自身的技术追赶的影响不显著。而国有资产比重高有利于本土企业相对外企的技术追赶。这说明，在国有资产比重高的产业，相较于本土企业，外资企业从这种环境中受到的负面影响更大，所以出现本土企业与外企差距的缩小，这与我们的预期较为符合。在国有资产比重高的产业，本土企业获得了政府更多的资源支持，这种支持显然是倾斜于本土企业而不是外资企业。

其次，关于交互作用，所有制结构与技术解构的交互作用为何对相对自身的技术追赶的影响不显著，却正向影响相对外企的技术追赶？国有资产比重越高（低），并不会使得技术解构对相对自身的技术追赶产生更高（低）的影响，但是却能使技术解构对相对外企的技术追赶产生更正面（负面）的影响。这说明在国有资产比重高的产业里，本土企业自身并不能从技术解构活动中获得更快的技术提升速度；但是在这样的产业里，其技术水平的提升速度比外企要高。在国有资产比重高的产业里，本土企业自身并不能从技术解构活动中获得更快的技术提升速度，这可能是由于国有比重高导致资源配置效率低的问题对技术解构的绩效效应产生不利的影响，而且在这样的环境下外企受到的负面影响更大。

最后，关于交互作用，所有制结构与技术重构的交互作用为何会负向影响相对外企的技术追赶？即在国有资产比重高的产业里，为何外企比本土企业更能从产业技术重构活动中受益？这是因为技术重构的活动非常依赖企业的吸收能力，如果缺乏对各种创新要素的深入理解便很难产生创新成果；相较于本土后发企业，外资企业显然有着更强的吸收和整合能力。而在国有资产比重高的产业里，资源配置效率不高问题更为严重，它对本土企业的影响更大，因为外资企业还可以从其母国或者母公司获取创新要素，从而从技术重构活动中获得更好的绩效。

本章研究存在以下三方面的理论贡献。第一，本章通过引入产业所有制结构的议题丰富了新兴经济体产业追赶的文献。已有的关于所有制结构的研究基本上都聚焦于企业的所有制结构，讨论其对企业的绩效、竞争策略、并购行为等方面的影响。这类相对微观的研究并不能回答产业所有制结构如何影响产业的技术追赶的问题。迄今为止，对产业所有制结构对于追赶绩效的影响的实证非常少。第二，在以往关于追赶主题的定量研究中，对追赶绩效和创新绩效往往不具体区分。但是产业当下所取得的创新成绩不能完全反映产业的追赶情况，尤其是不能反映与西方领先企业的差距的变化。孙早和王文（2011）采用2003～2008年的产业层数据对产业所有制结构变化对于产业绩效的影响进行了实证，发现国有所有权显著负向影响创新绩效。与他们采用产业当下的创新绩效不同，本章研究关注产业的追赶绩效，而且发现了所有制结构对追赶绩效相对较为正面的结果。这说明以后的研究在解读产业所有制结构对绩效的影响时，非常有必要注意追赶绩效与通常的创新绩效的差异。正如陈爱贞、刘志彪和吴福象（2008）指出的那样，本土企业自身技术水平的提升并不一定意味着其与跨国公司的技术差距的缩小。相反，如果跨国公司的技术水平以更快的速度提升，可能会进一步挤压本土企业的市场空间，从而削弱本土企业技术升级的支撑。第三，未来研究在讨论制度情境因素与产业技术学习的交互对追赶绩效的影响时，有必要区分技术学习的类型。在国有资本比重高的产业里，技术解构并不能使本土企业以更快的速度提升技术水平，但是技术重构却可以使本土企业以更快的速度提升技术水平。

本章研究对政府政策制度也有启示意义。首先，所有制结构中国有资产比重的提升，有利于本土企业缩小与外资企业在技术水平上的差距，但是这是以抑制外资企业的技术发展速度的方法来实现的，因为本土企业相对自身的过去而言并未表现出更高的技术发展速度。这也体现出产业所有制结构中国有资产比重高，一方面能带来的资源充裕可以促进技术追赶，另一方面导致的资源配置效率低下又不利于技术的追赶。同样的，在国有资产比重高的产业里，本土企业并不能从技术解构中获得更高的技术追赶成绩。因此，当政府通过资源投入的方式对特定产业进行倾斜时，也需要尽量降低由此带来的资源配置效率低下的问题。此外，在国有资本比重高的产业里，技术解构并不能使本土企业以更快的速度提升技术水平，但是技术重构却可以使本土企业以更快的速度提升技术水平。这说明本土企业要进一步提升技术追赶的速度，需要更多地将注意力从技术解构活动中转移到技术重构活动中。这也意味着政府需要鼓励本土企业进一步提高研发的投入，开展更多的针对市场的创新活动。

本章研究还存在一些不足。由于数据可得性的制约，本章仅针对二位行业代码的制造业产业进行了检验，如果条件允许，未来研究可以用三位行业代码或四位行业代码进行验证，以检验本章研究结论的概化能力。

第7章 结论和展望

7.1 结 论

本书先对技术追赶的现实背景和理论背景进行分析，对技术追赶下的技术学习过程提出了一个技术解构和技术重构的分析框架。基于该分析框架，本书采用中国制造业 26 个行业 2001～2007 年的面板数据构造了对技术解构和重构的测度，进而对发展中国家技术学习（技术解构和重构）和三类追赶情境（技术梯度、技术梯度和所有制结构）及它们之间的交互作用对产业追赶绩效的影响进行了实证。实证结论主要如下。

（1）关于技术学习对追赶绩效的影响。第一，产业技术解构并不能保证本土企业以更快的速度提升技术水平，但是却能更快缩小本土企业与外资企业之间的差距。即本土企业从技术解构活动中的获益已经遇到了瓶颈，只能维持以往的技术进步速度，仅仅加大技术解构活动的努力并不能让本土企业以更快的速度提升技术水平；而外资企业因其已具备较高的技术水平且往往作为被技术解构的对象，会受到技术解构的负面影响，因而表现出本土企业与外资企业差距的缩小。这种差距追赶表象只是一种虚假的胜利，因为本土企业的技术水平并未获得更快速的增长。第二，技术重构有利于本土企业以更快的速度提升技术水平，却不能缩小本土企业与外资企业之间的差距。即尽管技术重构使得本土企业相对自己的过去而言以更快的速度提高技术水平，但这种提升的速度并不能超过外资企业的提升速度，因而表现出差距的增大。这间接表明，外资企业因为其更强的创新能力以及更国际化的技术和知识来源（母国或母公司），比本土企业更能从行业的技术重构努力中受益。

（2）关于技术梯度及其与技术解构和重构的交互作用在追赶绩效中的影

响机制，实证结果表明：第一，技术梯度能明显促进产业内本土企业以更快的速度提升技术水平，却不能使得本土企业与外资企业技术差距缩小。技术梯度连续的产业内蕴含的丰富的资源与机会，对于本土和外资企业而言均起到促进的作用，如果本土企业不能比外资企业更高效地利用这些资源和机会，那么本土企业就无法缩小与外资企业的差距。第二，技术梯度越连续，产业内企业的技术解构越不能使本土企业以更快的速度提升技术水平，同样也越不能使本土企业与外资企业之间的技术差距缩小。第三，技术梯度越连续，研发机构的技术解构越能使本土企业以更快的速度提升技术水平，但越不利于缩小本土企业与外资企业技术差距。即研发机构技术解构对于本土企业而言能够有效提升其追赶速度，但是更能提升外企的技术发展速度，从而导致差距的扩大。

（3）关于市场梯度及其与技术解构和重构的交互作用在追赶绩效中的影响机制，实证结果表明：第一，市场梯度能明显促进产业内本土企业以更快的速度提升技术水平，却不能使得本土企业与外资企业技术差距缩小。第二，市场梯度越连续，产业内企业的技术解构越不能提高本土企业的技术提升速度，而对本土企业与外资企业之间的技术差距的变化影响不显著。第三，市场梯度越连续，研发机构的技术解构越能使本土企业以更快的速度提升技术水平，但越不利于缩小本土企业与外资企业技术差距。第四，市场梯度越连续，技术重构越能使本土企业以更快的速度提升技术水平，且越能缩小本土企业与外资企业技术差距。

（4）关于所有制结构及其与技术解构和重构的交互作用在追赶绩效中的影响机制，实证结果表明：第一，所有制结构中国有资产比重的高低对本土企业技术提升速度的影响并不显著，但国有资产比重高有利于缩小本土企业与对外企之间的技术差距。第二，国有资产比重越高（低），并不会使得技术解构对本土企业的技术提升速度产生更高（低）的影响，但是却能缩小（增大）本土企业与对外企之间的技术差距。第三，关于技术重构，在国有资产比重高的产业里，本土企业自身能从技术解构活动中获得更快的技术提升速度；但是，在这样的产业里，它们的技术水平的提升速度不如外企快，导致其与外企差距的增大。

7.2　理论贡献

（1）本书针对追赶情境的特殊性提出的基于技术解构和重构视角的技术

学习分析框架，对吸收能力观点在追赶情境下的应用进行了很好的补充。尽管吸收能力观点对于解释追赶中国家的技术学习和能力构建有重要贡献（Cohen & Levinthal，1990），但后发企业与传统西方发达国家企业在创新行为上的巨大差异，使得发展中国家技术追赶经验中出现了许多与吸收能力传统观点不一致的现象。首先，尽管科恩和莱文塔尔（1990）强调了 R&D 对于吸收能力成长的重要性，在发展中国家的技术追赶中，有相当多的创新活动并不是基于 R&D 活动。相反，大量技术能力的积累都是来自 R&D 之外的技术模仿、反向工程和渐进改进等工程化活动（Xie，Wu & Chu，2009）。作为发展中国家，大量技术先进的跨国公司的存在，为本土企业提供了许多潜在的技术来源。也正是因为本土企业与跨国公司之间技术差距的存在，使得本土企业的技术学习过程表现出大量的技术解构活动。其次，吸收能力观点强调企业的吸收能力受限于企业前期积累的能力，即企业能否有效吸收外部的技术和知识，取决于企业在此之前是否已经掌握了必要的相关技术和知识。因此，企业从外部吸收技术和知识时，必须选择与自身能力相匹配的知识来源。但是，从后发企业的追赶经验来看，企业在吸收外部知识时，即便当前自身的吸收能力相对于该外部知识而言不足，企业仍然可以通过一定的策略来有效地吸收和利用外部的知识。例如，通过寻求企业之外的主体（如研发机构、客户或供应商）的帮助，利用外部技术能力来帮助自身消化吸收。鉴于追赶情境中技术学习过程的大量技术解构和多主体协作的特征，本书提出了基于技术解构和重构视角的技术学习分析框架，填补了以往研究中技术学习过程机制及其特殊性关注不够的空白。实证结果表明，技术解构和技术重构对技术追赶的影响截然不同，未来研究在考虑技术学习在追赶中的影响时，有必要考虑技术学习的类型及其区分。

（2）以往技术追赶研究中对情境因素的关注，均忽视了大型新兴经济体的独特性。且以往研究往往关注情境因素对追赶绩效的直接作用，忽视了情境与技术学习的交互作用对追赶的影响。鉴于此，本书先后提出了"技术梯度"和"市场梯度"的概念，用以刻画大型新兴经济体中的产业技术层次性和市场层次性这两方面的特征，并通过实证检验发现它们与技术学习的交互作用的确会对追赶绩效产生重要的影响。具体而言，关于技术情境，已有研究主要从技术体制的视角来分析技术情境对于追赶的重要性（Lee，Lim，2001；Park & Lee，2006；Jung & Lee，2010；Castellacci，2007），如知识的显隐性、知识的累积性、外部知识可得性、技术轨迹的变动性等，而产业内的技术结构特征被忽视。关于市场情境，已有研究主要从市场规模和市场分割特性的角度来分析市场情境对于追赶的重要性（Liu，2010；Mu & Lee，2005；Mazzoleni & Nelson，2007）。经典的"结构—行为—绩效"分析范式尽管强调了市场结构对产业绩效的重要性，但产业经济学对市场结构的关注主要是指市场规模、市场集中度和产品差异化等因素（刘小玄，2003）。技术梯度和市场梯度两个概念丰富了产业追赶文献中对技术和市场情境的刻画方式，并证实了这些因素与技术学习的交互作用对技术追赶绩效的重要影响。

（3）考虑到转型经济体的独特性，本书讨论并检验了所有制结构这一制度情境因素与技术解构和重构的交互作用在技术追赶中影响。在经历了 30 多年的经济转型后，中国已形成一个国有企业、民营企业和外资企业三股势力共存的格局。所有制结构主要通过影响资源的丰裕程度和资源的配置效率对产业技术追赶产生影响。与以往研究从国家政策或者产业政策的角度进行研究（往往结论很难被检验）不同，本书将所有制结构作为一种产业制度情境，证实了所有制结构以及其与技术学习的交互作用对产业技术追赶的影响。

7.3 政 策 意 义

本书研究对政府政策制度有以下启示意义。

（1）政府应该通过政策引导和环境塑造促进企业从模仿向创新转变，即从对技术解构的关注向重点关注技术重构转变。本土企业若要以更快的速度提升技术水平，不能过度依赖技术解构，而是主要靠技术重构。然而，技术重构虽然使得本土企业相对自己的过去而言以更快的速度提高技术水平，但仍旧不能缩小与外资企业的差距。对此，可以加强对企业的培训，扩展它们开展技术重构活动的思路，鼓励企业从国内外、多种渠道获取技术重构的元素和灵感。

（2）政府应该引导各产业向技术水平的多元化发展，而不是鼓励产业内所有企业都一味地瞄准高精尖的技术定位，培育技术梯度更连续的市场。类似的，市场梯度的连续也非常重要。政府应该积极引导各产业向市场多元化的方向发展，鼓励产业内企业基于自身的已有市场积极地向高端或者低端延伸，并避免产业内企业的同质化市场定位和垄断。

（3）政府应该积极支持和培育各种研究开发机构，推动产业的技术解构更有效地开展。实证表明，由于产业内企业的技术解构活动更容易招致同行领先企业的防御和警惕，因而不容易从技术解构活动中获益。但是研发机构的技术解构不会面临这一麻烦，对本土企业的技术追赶有着积极的作用。

（4）当政府意图通过资源倾斜的方式推动特定产业的发展时，需要尽量降低因此带来的资源配置效率低下的问题。所有制结构中国有资产比重的提升，有利于本土企业缩小与外资企业在技术水平上的差距，但本土企业相对自身的过去而言并未表现出更高的技术发展速度。此外，在国有资本比重高的产业里，技术解构并不能使本土企业以更快的速度提升技术水平，但是技术重构却可以使本土企业以更快的速度提升技术水平。这说明，本土企业要进一步提升技术追赶的速度，需要更多地将注意力从技术解构活动上向技术重构活动上转移。这也意味着，政府需要鼓励本土企业进一步提高研发的投入，开展更多的针对市场的创新活动。

7.4　管理意义

从本书实证结论可以看出，本土企业要实现更快的技术发展和追赶，必须从模仿向创新转变，即从对技术解构的关注向重点关注技术重构转变。本土企业从技术解构活动中的获益已经遇到了瓶颈，只能维持以往的技术进步速度，而仅仅加大技术解构活动的努力并不能让本土企业以更快的速度提升技术水平。但是研发机构的技术解构活动仍然有助于企业的技术追赶，因此，企业应该加强与研发机构的联结，借助外力进行技术消化和吸收。

此外，技术重构虽然使得本土企业相对自己的过去而言以更快的速度提高技术水平，但仍然不能保证与外资企业的差距的缩小。对此，企业应该加强对员工的培训，扩展他们开展技术重构活动的思路，鼓励企业从国内外、多种渠道获取技术重构的元素和灵感。

7.5　研究局限和未来研究方向

本书研究还存在一些不足和值得未来进一步讨论的地方。第一，关于产业技术追赶的影响因素，除了本书研究的核心变量和控制变量外，还有其他因素，如技术本身的属性特征等。如果有条件，未来研究可以对其他影响因素进行控制，以进一步确认本书研究结论的稳健性。第二，未来可以对研究对象进行细化和扩展。由于数据可得性的制约，本书仅针对二位行业代码的制造业产业进行了检验，未来研究如果条件允许，可以用三位行业代码或四位行业代码进行验证，以检验本书研究结论的概化能力。第三，由于数据的限制，本书最终仅采用了 2001～2007 年这 7 年的数据样本，未来应尽量将数据扩充到最近年份，以反映和解释制造业技术追赶的最新状况。

参考文献

[1] 毕克新，王晓红，葛晶．技术标准对我国中小企业技术创新的影响及对策研究 [J]．管理世界，2007 (12)：164 – 165．

[2] 陈爱贞，刘志彪，吴福象．下游动态技术引进对装备制造业升级的市场约束——基于我国纺织缝制装备制造业的实证研究 [J]．管理世界，2008，2 (1)：72 – 81．

[3] 国家发展改革委高技术产业司，"九五"期间国家重大技术装备研制工作回顾之一：总体情况 [EB/OL]．http：//www.sdpc.gov.cn/gjscy/cyjs/t20050915_42846.htm 2005.09.15．

[4] 江鸿，吕铁．政企能力共演化与复杂产品系统集成能力提升——中国高速列车产业技术追赶的纵向案例研究 [J]．管理世界，2019，35 (5)：106 – 125 + 199．

[5] 江诗松，龚丽敏，魏江．转型经济背景下后发企业的能力追赶：一个共演模型——以吉利集团为例 [J]．管理世界，2011a (4)：122 – 137．

[6] 江诗松，龚丽敏，魏江．转型经济中后发企业的创新能力追赶路径：国有企业和民营企业的双城故事 [J]．管理世界，2011b (12)：96 – 115 + 188．

[7] 刘小玄．中国转轨经济中的产权结构和市场结构——产业绩效水平的决定因素 [J]．经济研究，2003 (1)：21 – 29．

[8] 刘洋，魏江，江诗松．后发企业如何进行创新追赶？——研发网络边界拓展的视角 [J]．管理世界，2013 (3)：96 – 110 + 188．

[9] 路风，慕玲．本土创新，能力发展和竞争优势 [J]．管理世界，2003，(12)：57 – 82．

[10] 路风．走向自主创新：寻求中国力量的源泉 [M]．广西：广西师范大学出版社，2006：246 – 247．

[11] 毛蕴诗，姜岳新，莫伟杰．制度环境，企业能力与 OEM 企业升级战略——东菱凯琴与佳士科技的比较案例研究 [J]．管理世界，2009

（6）：135 –145.

[12] 彭新敏，刘电光．基于技术追赶动态过程的后发企业市场认知演化机制研究［J］．管理世界，2021，37（4）：180 –198.

[13] 彭新敏，吴晓波，吴东．基于二次创新动态过程的企业网络与组织学习平衡模式演化——海天1971—2010年纵向案例研究［J］．管理世界，2011（4）：138 –149.

[14] 彭新敏，郑素丽，吴晓波，吴东．后发企业如何从追赶到前沿？——双元性学习的视角［J］．管理世界，2017，（2）：142 –158.

[15] 宋泓，柴瑜，张泰．市场开放，企业学习及适应能力和产业成长模式转型——中国汽车产业案例研究［J］．管理世界，2004（8）：61 –74.

[16] 孙早，王文．产业所有制结构变化对产业绩效的影响——来自中国工业的经验证据［J］．管理世界，2011（8）：66 –78.

[17] 陶锋，李诗田．全球价值链代工过程中的产品开发知识溢出和学习效应——基于东莞电子信息制造业的实证研究［J］．管理世界，2008（1）：115 –122.

[18] 田志龙，李春荣，蒋倩，等．中国汽车市场弱势后入者的经营战略——基于对吉利，奇瑞，华晨，比亚迪和哈飞等华系汽车的案例分析［J］．管理世界，2010（8）：139 –152.

[19] 汪建成，毛蕴诗，邱楠．由OEM到ODM再到OBM的自主创新与国际化路径——格兰仕技术能力构建与企业升级案例研究［J］．管理世界，2008（6）：148 –155.

[20] 王珺，岳芳敏．技术服务组织与集群企业技术创新能力的形成——以南海西樵纺织产业集群为例［J］．管理世界，2009：（6）：72 –81.

[21] 维克斯，亚宁著．私有化的经济学分析［M］．重庆：重庆出版社，2006.

[22] 巫强，刘志彪．进口国质量管制条件下的出口国企业创新与产业升级［J］．管理世界，2007（2）：53 –60.

[23] 吴先明，苏志文．将跨国并购作为技术追赶的杠杆：动态能力视角［J］．管理世界，2014（4）：146 –164.

[24] 吴晓波，付亚男，吴东，雷李楠．后发企业如何从追赶到超越？——基于机会窗口视角的双案例纵向对比分析［J］．管理世界，2019，35（2）：151 –167 +200.

［25］吴晓波，马如飞，毛茜敏. 基于二次创新动态过程的组织学习模式演进——杭氧1996—2008纵向案例研究［J］. 管理世界，2009（2）：152 – 164.

［26］吴晓波，张馨月，沈华杰. 商业模式创新视角下我国半导体产业"突围"之路［J］. 管理世界，2021，37（3）：123 – 136 + 9.

［27］谢伟. 全球生产网络中的中国轿车工业［J］. 管理世界，2006（12）：67 – 87.

［28］谢伟. 中国企业技术创新的分布和竞争策略——中国激光视盘播放机产业的案例研究［J］. 管理世界，2006（2）：50 – 62.

［29］徐明天. 长虹隐痛［M］. 北京：当代中国出版社，2005：188 – 189.

［30］姚明明，吴晓波，石涌江，戎珂，雷李楠. 技术追赶视角下商业模式设计与技术创新战略的匹配——一个多案例研究［J］. 管理世界，2014，（10）：149 – 162 + 188.

［31］应瑛，刘洋，魏江. 开放式创新网络中的价值独占机制：打开"开放性"和"与狼共舞"悖论［J］. 管理世界，2018，34（2）：144 – 160 + 188.

［32］于开乐，王铁民. 基于并购的开放式创新对企业自主创新的影响［J］. 管理世界，2008（4）：150 – 166.

［33］曾鸣，彼得·威廉姆斯. 龙行天下［M］. 北京：机械工业出版社，2008.

［34］詹·法格博格，戴维·莫利，理查德·纳尔逊著. 柳卸林，郑刚，蔺雷译. 牛津创新手册［M］. 北京：知识产权出版社，2008.

［35］张永伟. 从追赶到前沿：技术创新与产业升级之路［M］. 北京：中信出版社，2011：27 – 28.

［36］朱瑞博，刘志阳，刘芸. 架构创新，生态位优化与后发企业的跨越式赶超——基于比亚迪，联发科，华为，振华重工创新实践的理论探索［J］. 管理世界，2011（7）：69 – 97.

［37］Abramovitz, M. Catching up, forging ahead, and falling behind［J］. Journal of Economic History, 1986, 46（2）：385 – 406.

［38］Acar, W., Sankaran, K. The myth of the unique decomposability: Specializing the herfindahl and entropy measures?　［J］. Strategic Management Journal, 1999, 20（10）：969 – 975.

［39］Aitken, B. J., Harrison, A. E. Do domestic firms benefit from direct foreign investment? Evidence from Venezuela［J］. American Economic Review,

1999（3）：605 – 618.

［40］Alcorta, L. New economic policies and the diffusion of machine tools in Latin America ［J］. World Development, 2000, 28（9）：1657 – 1672.

［41］Amsden, A. H. The rise of "the rest"：Challenges to the west from late-industrializing economies ［M］. USA：Oxford University Press, 2001.

［42］Anchordoguy, M. Japan's software industry：A failure of institutions? ［J］. Research Policy, 2000, 29（3）：391 – 408.

［43］Argyres, N. S. , Silverman, B. S. R&D, organization structure, and the development of corporate technological knowledge ［J］. Strategic Management Journal, 2004, 25（8 – 9）：929 – 958.

［44］Awate, S. , Larsen, M. M. , Mudambi, R. EMNE catch-up strategies in the wind turbine industry：Is there a trade-off between output and innovation capabilities? ［J］. Global Strategy Journal, 2012, 2（3）：205 – 223.

［45］Balasubramanian, N. , Lieberman, M. B. Industry learning environments and the heterogeneity of firm performance ［J］. Strategic Management Journal, 2010, 31（4）：390 – 412.

［46］Bell, M. , Pavitt, K. Technological accumulation and industrial growth：Contrasts between developed and developing countries ［J］. Industrial and Corporate Change, 1993, 2（2）：157 – 210.

［47］Bernstein, J. I. Costs of production, intra-and interindustry R&D spillovers：Canadian evidence ［J］. Canadian Journal of Economics, 1988, 21（2）：324 – 347.

［48］Bin, G. Technology acquisition channels and industry performance：An industry-level analysis of Chinese large- and medium-size manufacturing enterprises ［J］. Research Policy, 2008, 37（2）：194 – 209.

［49］Blalock, G. , Gertler, P. J. Welfare gains from foreign direct investment through technology transfer to local suppliers ［J］. Journal of International Economics, 2008, 74（2）：402 – 421.

［50］Blomström, M. Foreign investment and productive efficiency：The case of Mexico ［J］. Journal of Industrial Economics, 1986, 35（1）：97 – 110.

［51］Blomström, M. , Kokko, A. Multinational corporations and spillovers ［J］. Journal of Economic Surveys, 1998, 12（3）：247 – 277.

［52］Brandt, L., Thun, E. Constructing a ladder for Growth: Policy, markets, and industrial upgrading in China ［J］. World Development, 2016, 80: 78 – 95.

［53］Breschi, S., Malerba, F., Orsenigo, L. Technological regimes and Schumpeterian patterns of innovation ［J］. The Economic Journal, 2000, 110 (463): 388 – 410.

［54］Breusch, T. S., Pagan, A. R. The lagrange multiplier test and its applications to model specification in econometrics ［J］. The Review of Economic Studies, 1980, 47 (1): 239 – 253.

［55］Cai, J., Tylecote, A. Corporate governance and technological dynamism of Chinese firms in mobile telecommunications: A quantitative study ［J］. Research Policy, 2008, 37 (10): 1790 – 1811.

［56］Carnabuci, G., Operti, E. Where do firms' recombinant capabilities come from? Intra-organizational networks, knowledge, and firms' ability to innovate through technological recombination ［J］. Strategic Management Journal, 2013, accepted.

［57］Castellacci, F. Technological regimes and sectoral differences in productivity growth ［J］. Industrial and Corporate Change, 2007, 16 (6): 1105 – 1145.

［58］Caves, R. E. Multinational firms, competition, and productivity in host-country markets ［J］. Economica, 1974, 41 (162): 176 – 193.

［59］Chang, S., Chung, C., Mahmood, I. P. When and how does business group affiliation promote firm innovation? A tale of two emerging economies ［J］. Organization Science, 2006, 17 (5): 637 – 656.

［60］Chang, S. J., Chung, J., Moon, J. J. When do wholly owned subsidiaries perform better than joint ventures? ［J］. Strategic Management Journal, 2013, 34 (3): 317 – 337.

［61］Chang, S. J., Xu, D. Spillovers and competition among foreign and local firms in China ［J］. Strategic Management Journal, 2008, 29 (5): 495 – 518.

［62］Chen, L. C., Learning through informal local and global linkages: The case of Taiwan's machine tool industry ［J］. Research Policy, 2009, 38 (3): 527 – 535.

［63］Cheung, K. Y., Lin, P. Spillover effects of FDI on innovation in China: Evidence from the provincial data ［J］. China Economic Review, 2004, 15

（1）: 25 – 44.

［64］ Choi, S. B. , Lee, S. H. , Williams, C. Ownership and firm innovation in a transition economy: evidence from china ［J］. Research Policy, 2011, 40 （3）: 441 – 452.

［65］ Choi, Y. Dynamic techno-management capability: The case of Samsung semiconductor sector in Korea ［D］. Roskilde: Roskilde University, 1994.

［66］ Choung, J. Y. , Hwang, H. R. , Choi, J. H. , Rim, M. H. Transition of latecomer firms from technology users to technology generators: Korean semiconductor firms ［J］. World Development, 2000, 28 （5）: 969 – 982.

［67］ Chu, W. W. Can Taiwan's second movers upgrade via branding? ［J］. Research Policy, 2009, 38 （6）: 1054 – 1065.

［68］ Cohen, W. M. , Levinthal, D. A. Absorptive capacity: A new perspective on learning and innovation ［J］. Administrative Science Quarterly, 1990, 35 （1）: 128 – 152.

［69］ Cooke, P. , Gomez Uranga, M. , Etxebarria, G. Regional innovation systems: Institutional and organisational dimensions ［J］. Research Policy, 1997, 26 （4）: 475 – 491.

［70］ Crespo, N. , Fontoura, M. Determinant factors of FDI spillovers-what do we really know? ［J］. World Development, 2007, 35 （3）: 410 – 425.

［71］ Driscoll, J. C. , Kraay, A. C. Consistent covariance matrix estimation with spatially dependent panel data ［J］. Review of economics and statistics, 1998, 80 （4）: 549 – 560.

［72］ Eisenhardt, K. M. Building theories from case study research ［J］. Academy of Management Review, 1989, 14 （4）: 532 – 550.

［73］ Eom, B. Y. , Lee, K. Determinants of industry-academy linkages and, their impact on firm performance: The case of Korea as a latecomer in knowledge industrialization ［J］. Research Policy, 2010, 39 （5）: 625 – 639.

［74］ Ernst, D. Catching-upcrisis and industrial upgrading: Evolutionary aspects of technological learning in Korea's electronics industry ［J］. Asia Pacific Journal of Management, 1998, 15 （2）: 247 – 283.

［75］ Escribano, A. , Fosfuri, A. , Tribó, J. A. Managing external knowledge flows: The moderating role of absorptive capacity ［J］. Research Policy,

2009，38（1）：96 – 105.

［76］ Fagerberg，J.，Fosaas，M.，Sapprasert，K. Innovation：Exploring the knowledge base. Research Policy，2012，41（7）：1132 – 1153.

［77］ Fagerberg，J. User-producer interaction，learning and comparative advantage ［J］. Cambridge Journal of Economics，1995，19（1）：243 – 256.

［78］ Feinberg，S. E.，Majumdar，S. K. Technology spillovers from foreign direct investment in the Indian pharmaceutical industry ［J］. Journal of International Business Studies，2001，32（3）：421 – 437.

［79］ Figueiredo，P. N. Learning，capability accumulation and firms differences：Evidence from latecomer steel ［J］. Industrial and Corporate Change，2003，12（3）：607 – 643.

［80］ Figueiredo，P. N.，Piana，J. Technological learning strategies and technology upgrading intensity in the mining industry：Evidence from Brazil ［J］. Journal of Technology Transfer，2021，46：629 – 659.

［81］ Findlay，R. Relative backwardness，direct foreign investment，and the transfer of technology：A simple dynamic model ［J］. The Quarterly Journal of Economics，1978，92（1）：1 – 16.

［82］ Fleming，L. Recombinant uncertainty in technological search ［J］. Management Science，2001，47（1）：117 – 132.

［83］ Fleming，L.，Sorenson，O. Technology as a complex adaptive system：Evidence from patent data ［J］. Research Policy，2001，30（7）：1019 – 1039.

［84］ Freeman，C. Technology policy and economic performance：Lessons from Japan ［M］. London：Frances Pinter，1987.

［85］ Galunic，D. C.，Rodan，SA. Resource recombinations in the firm：Knowledge structures and the potential for Schumpeterian innovation ［J］. Strategic Management Journal，1998，19：1193 – 1201.

［86］ Gao X. D. Approaching the technological innovation frontier：Evidence from Chinese SOEs ［J］. Industry and Innovation，2019，26（1）：100 – 120.

［87］ Gerschenkron，A. Economic backwardness in historical perspective ［M］. Cambridge：Belknap Press，1962.

［88］ Gertler，M. S. "Being there"：proximity，organization，and culture in the development and adoption of advanced manufacturing technologies ［J］.

Economic Geography, 1995, 71 (1): 1 –26.

[89] Grant, R. M. Toward a knowledge-based theory of the firm [J]. Strategic Management Journal, 1996, 17: 109 – 122.

[90] Gregory, N. , Tenev, S. The financing of private enterprise in China [J]. Finance and Development, 2001, 38 (1): 14 –17.

[91] Griliches, Z. , Lichtenberg, F. Inter-industry technology flows and productivity growth: A reexamination [J]. The Review of Economics and Statistics, 1984, 66 (2): 324 –329.

[92] Guennif, S. , Ramani, S. V. Explaining divergence in catching-up in pharma between India and Brazil using the NSI framework [J]. Research Policy, 2012, 41 (2): 430 –441.

[93] Gu, S. Larelplein, K. Learning models and technology strategy in catching-up. DRUID Summer Conference on the Learning Economy-Firms, Regions and National Specific Institutions [C]. Denmark: Rebild, 2000.

[94] Haddad, M. , Harrison, A. Are there positive spillovers from direct foreign investment: Evidence from panel data for Morocco [J]. Journal of Development Economics, 1993, 42 (1): 51 –74.

[95] Hanel, P. Interindustry flows of technology: An analysis of the Canadian patent matrix and input-output matrix for 1978 – 1989 [J]. Technovation, 1994, 14 (8): 529 –548.

[96] Hanel, P. R&D, interindustry and international technology spillovers and the total factor productivity growth of manufacturing industries in Canada, 1974 – 1989 [J]. Economic Systems Research, 2000, 12 (3): 345 –361.

[97] Hargadon, A. , Sutton, R. I. Technology brokering and innovation in a productdevelopment firm [J]. Administrative Science Quarterly, 1997, 42 (4): 716 – 749.

[98] Henderson, R. M. , Clark, K. B. Architectural innovation: The reconfiguration of existing product technologies and the failure of established firms [J]. Administrative Science Quarterly, 1990, 35 (1): 9 –30.

[99] Hobday, M. East Asian latecomer firms: Learning the technology of electronics [J]. World development, 1995, 23 (7): 1171 –1193.

[100] Hobday, M. , Rush, H. , Bessant, J. Approaching the innovation

frontier in Korea: The transition phase to leadership [J]. Research Policy, 2004, 33 (10): 1433 – 1457.

[101] Hobday, M., Singh, K. Innovation inEastAsia: The challenge to Japan [J]. England: Edward Elgar Aldershot, 1995.

[102] Hoskisson, R. E., Eden, L., Lau, C. M., Wright, M. Strategy in emerging economies [J]. Academy of Management Journal, 2000, 43 (3): 249 – 267.

[103] Hu, M. C., Kang, J. S., Wu, C. Y. Determinants of profiting from innovation activities: Comparisons between technological leaders and latecomers [J]. Technological Forecasting and Social Change, 2017, 116: 223 – 236.

[104] Hu, M. C. Technological innovation capabilities in the thin film transistor-liquid crystal display industries of Japan, Korea, and Taiwan [J]. Research Policy, 2012, 41 (3): 541 – 555.

[105] Iammarino, S., Padilla, R., von Tunzelmann, N. Technological capabilities and global-local interactions. The electronics industry in two Mexican regions [J]. World Development, 2008, 36 (10): 1980 – 2010.

[106] Jang, S., Lo, S., Chang, W. H. How do latecomers catch up with forerunners? Analysis of patents and patent citations in the field of flat panel display technologies [J]. Scientometrics, 2009, 79 (3): 563 – 591.

[107] Jefferson, G. H., Rawski, T. G. How industrial reform worked in China: The role of innovation, competition and property rights [M]. Washington, DC: World Bank, 1994.

[108] Jourdan, Z., Rainer, R. K., Marshall, T. E. Business intelligence: An analysis of the literature [J]. Information Systems Management, 2008, 25 (2): 121 – 131.

[109] Jung, M., Lee, K. Sectoral systems of innovation and productivity catch-up: Determinants of the productivity gap between Korean and Japanese firms [J]. Industrial and Corporate Change, 2010, 19 (4): 1037 – 1069.

[110] Katila, R., Ahuja, G. Something old, something new: A longitudinal study of search behavior and new product introduction [J]. Academy of Management Journal, 2002, 45 (6): 1183 – 1194.

[111] Kauffman, S. The origins of order [M]. New York: Oxford Univer-

sity Press, 1993.

[112] Kim, L. Crisis construction and organizational learning: Capability building incatching-up at Hyundai Motor [J]. Organization Science, 1998, 9: 506-521.

[113] Kim, L. Imitation to innovation: The dynamics of Korea's technological learning [M]. Boston, MA: Harvard Business Press, 1997.

[114] Kim, L. Learning and innovation in economic development [M]. Cheltenham: Edward Elgar. 1999.

[115] Kim, L. Nelson, R. R. Technology, learning, and innovation [M]. Cambridge: Cambridge University Press, 2000.

[116] Kokko, A. , Tansini, R. , Zejan, M. Local technological capability and productivity spillovers from FDI in the Uruguayan manufacturing sector [J]. Journal of Development Studies, 1996, 32 (4): 602-611.

[117] Kokko, A. Technology, market characteristics and spill-overs [J]. Journal of Development Economics, 1994, 43: 279-293.

[118] Kumaraswamy, A. , Mudambi, R. , Saranga, H. , Tripathy, A. Catch-up strategies in the Indian auto components industry: Domestic firms' responses to market liberalization [J]. Journal of International Business Studies, 2012, 43 (4): 368-395.

[119] Lall, S. Building industrial competitiveness in developing countries [M]. Washington, DC: OECD Publications and Information Centre, 1990.

[120] Lall, S. Technological capabilities and industrialization [J]. World Development, 1992, 20 (2): 165-186.

[121] Laursen, K. , Salter, A. Open for innovation: The role of openness in explaining innovation performance among UK manufacturing firms [J]. Strategic Management Journal, 2006, 27 (2): 131-150.

[122] Lee, K. , Lim, C. Song, W. Emerging digital technology as a window of opportunity and technological leapfrogging: Catch-up in digital TV by the Korean firms [J]. International Journal of Technology Management, 2005, 29 (1-2): 40-63.

[123] Lee, K. , Lim, C. Technological regimes, catching-up and leapfrogging: Findings from the Korean industries [J]. Research Policy, 2001, 30 (3): 459-483.

［124］Lee, K. , Malerba, F. Catch-up cycles and changes in industrial leadership：Windows of opportunity and responses of firms and countries in the evolution of sectoral systems ［J］. Research Policy, 2016, 46 (2)：338 – 351.

［125］Levinthal, D. A. Adaptation on rugged landscapes ［J］. Management Science, 1997, 43 (7)：934 – 950.

［126］Li, D. , Capone, G. , Malerba, F. The long march to catch-up：A history-friendly model of China's mobile communications industry ［J］. Research Policy, 2018, 48 (3)：649 – 664.

［127］Lim, L. Y. C. , Fong, P. E. Verticallinkages and multi-national enterprises in developing countries ［J］. World Development, 1982, 10：585 – 595.

［128］Li, S. , Xia, J. The roles and performance of state firms and non-state firms in China's economic transition ［J］. World Development, 2008, 36 (1)：39 – 54.

［129］Liu, X. L. China's catch-up and innovation model in IT industry ［J］. International Journal of Technology Management, 2010, 51 (2 – 4)：194 – 216.

［130］Liu, X. , White, R. S. The relative contributions of foreign technology anddomestic inputs to innovation in Chinese manufacturing industries. Technovation, 1997, 17 (3)：119 – 125.

［131］Liu, X. , White, S. Comparing innovation systems：A framework and application to china's transitional context ［J］. Research Policy, 2001, 30 (7)：1091 – 1114.

［132］Lundvall, B. A. National systems of innovation ［J］. London：Frances Pinter, 1993.

［133］Lundvall, B. Innovation as an interactive process：From user-producer interaction to the national system of innovation ［J］. Africa Journal of Science, Technology, Innovation and Development, 2009, 1 (2/3)：10 – 34.

［134］Luo, Y. , Child, J. A Composition-Based View of Firm Growth ［J］. Management and Organization Review, 2015, 11 (3)：379 – 411.

［135］Malerba, F. , Nelson, R. Learning and catching up in different sectoral systems：Evidence from six industries ［J］. Industrial and Corporate Change, 2011, 20 (6)：1645 – 1675.

［136］Malerba, F. , Orsenigo, L. Schumpeterian patterns of innovation are technology-specific ［J］. Research Policy, 1996, 25 (3): 451 – 478.

［137］ Malerba, F. Sectoral systems of innovation and production ［J］. Research Policy, 2002, 31 (2): 247 – 264.

［138］ Mansfield, E. Patents and innovation: An empirical study ［J］. Management Science, 1986, 32 (2): 173 – 181.

［139］ Mathews, J. A. A Silicon Valley of the east: Creating Taiwan's semiconductor industry ［J］. California Management Review, 1997, 39: 26 – 54.

［140］ Mathews, J. A. , Cho, DS. Combinative capabilities and organizational learning in latecomer firms: The case of the Korean semiconductor industry ［J］. Journal of World Business, 1999, 34 (2): 139 – 156.

［141］ Mazzoleni, R. , Nelson R. R. Public research institutions and economic catch-up ［J］. Research Policy, 2007, 36 (10): 1512 – 1528.

［142］ Motohashi, K. , Yun, X. China's innovation system reform and growing industry and science linkages ［J］. Research Policy, 2007, 36 (8): 1251 – 1260.

［143］ Mu, Q. , Lee, K. Knowledge diffusion, market segmentation and technological catch-up: The case of the telecommunication industry in China ［J］. Research Policy, 2005, 34 (6): 759 – 783.

［144］ Nelson, R. National innovation systems: A comparative study ［M］. Oxford: Oxford University Press. 1993.

［145］ Nelson, R. R. What enables rapid economic progress: What are the needed institutions? ［J］. Research Policy, 2008, 37 (1): 1 – 11.

［146］ Nelson, R. R. , Winter, S. G. An evolutionary theory of economic change ［M］. Cambridge, MA: Harvard University Press. 1982.

［147］ Ng, L. F. , Tuan, C. Industry technology performance of manufacturing FDI: Micro-level evidence from joint ventures in China ［J］. International Journal of Technology Management, 2005, 32 (3 – 4): 246 – 263.

［148］ Parente, R. , Melo, M. Andrews D. Public sector organizations and agricultural catch-up dilemma in emerging markets: The orchestrating role of Embrapa in Brazil ［J］. Journal of International Business Studies, 2020, https://doi. org/10. 1057/s41267 – 020 – 00325 – x.

［149］ Park, K. H. , Lee, K. Linking the technological regime to the technological catch-up: Analyzing Korea and Taiwan using the US patent data ［J］. Industrial and Corporate Change，2006，15（4）：715 – 753.

［150］ Park，S. H.，Li，S.，David，K. T. Market liberalization and firm performance during China's economic transition ［J］. Journal of International Business Studies，2005，37（1）：127 – 147.

［151］ Perez，C.，Soete，L. Catching up in technology：Entry barriers and windows of opportunity ［J］. Technical Change and Economic Theory，1988：458 – 479.

［152］ Pettigrew，A. M. Longitudinal field research on change：Theory and practice ［J］. Organization Science，1990，1（3）：267 – 292.

［153］ Qu，Z.，Huang，C.，Zhang，M.，Zhao，Y. R&D offshoring，technology learning and R&D efforts of host country firms in emerging economies ［J］. Research Policy，2013，42（2）：502 – 516.

［154］ Saranga，H.，Schotter，A.，Mudambi，R. The double helix effect：Catch-up and local-foreign co-evolution in the Indian and Chinese automotive industries ［J］. International Business Review，2019，28（5）：1 – 11.

［155］ Scherer，F. M. Inter-industry technology flows and productivity growth ［J］. The Review of Economics and Statistics，1982，64（4）：627 – 634.

［156］ Schumpeter，J. A. Business cycles ［J］. New York：McGraw-Hill，1939.

［157］ Schumpeter，J. Capitalism，socialism，and democracy ［J］. New York：Harper and Row，1934.

［158］ Scott Kemmis，D.，Chitravas，C. Revisiting the learning and capability concepts-building learning systems in thai auto component firms ［J］. Asian Journal of Technology Innovation，2007，15（2）：67 – 100.

［159］ Siggelkow，N.，Rivkin，J. W. When exploration backfires：Unintended consequences of multilevel organizational search ［J］. Academy of Management Journal，2006，49（4）：779 – 795.

［160］ Sigurdson，J. Industry and policy perspectives：Technological super-power China? ［J］. R&D Management，2004，34（4）：345 – 347.

［161］ Silverberg，G.，Soete，L. Technical Change and Economic Theory ［J］. New York：PinterPublishers，1988：347 – 369.

［162］ Sohn，D.，Kenney，M. Universities，clusters，and innovation systems：The case of Seoul，Korea ［J］. World Development，2007，35（6）：991 – 1004.

［163］ Spencer, J. W. The impact of multinational enterprise strategy on in-digenous enterprises: Horizontal spillovers and crowding out in developing countries ［J］. Academy of Management Review, 2008, 33 (2): 341 –361.

［164］ Spender, J. Making knowledge the basis of a dynamic theory of the firm ［J］. Strategic Management Journal, 1996, 17: 45 –62.

［165］ Stuart, A. K. The origins of order: Self organization and selection in evolution ［M］. New York: Oxford University Press, 1993.

［166］ Stuart, T. E. , Podolny, J. M. Local search and the evolution of techno-logical capabilities ［J］. Strategic Management Journal, 1996, 17 (S1): 21 –38.

［167］ Sun, Y. , Du, D. Determinants of industrial innovation in china: Evidence from its recent economic census ［J］. Technovation, 2010, 30 (9): 540 –550.

［168］ Teixeira, A. A. , Fortuna, N. Human capital, R&D, trade, and long-run productivity. Testing the technological absorption hypothesis for the Portu-guese economy, 1960 –2001 ［J］. Research Policy, 2010, 39 (3): 335 –350.

［169］ Thun, E. Innovation at the middle of the pyramid: State policy, mar-ket segmentation, and the Chinese automotive sector ［J］. Technovation, 2018: 70 –71, 7 –19.

［170］ Tylecote, A. , Cai, J. China's SOE reform and technological change: A corporate governance perspective ［J］. Asian Business & Management, 2004, 3 (1): 57 –84.

［171］ Utterback, J. M. , Abernathy, W. J. A dynamic model of process and product innovation ［J］. Omega, 1975, 3 (6): 639 –656.

［172］ Vega-Jurado, J. , Gutiérrez-Gracia, A. , Fernández-de-Lucio, I. , Manjarrés-Henríquez, L. The effect of external and internal factors on firms'product innovation ［J］. Research Policy, 2008, 37 (4): 616 –632.

［173］ Verspagen, B. A new empirical approach to catching up or falling be-hind ［J］. Structural Change and Economic Dynamics, 1991, 2 (2): 359 –380.

［174］ Wade, R. Governing the market: Economic theory and the role of gov-ernment in east Asian industrialization ［M］. Princeton: Princeton University Press, 1990.

［175］ Wang, F. , Chen, J. , Wang, Y. , Ning, L. , Vanhaverbeke, W.

The effect of R&D novelty and openness decision on firms' catch-up performance: Empirical evidence from China [J]. Technovation, 2014, 34 (1): 21 –30.

[176] Wang, J., Blomström, M. Foreign investment and technology transfer: A simple model [J]. European Economic Review, 1992, 36 (1): 137 –155.

[177] Wei, J., Sun, C., Wang, Q., Pan, Q. The critical role of the institution-led market in the technological catch-up of emerging market enterprises: Evidence from Chinese enterprises [J]. R&D Management, 2020, 50 (4): 478 – 493.

[178] Winter, S. G. Schumpeterian competition in alternative technological regimes [J]. Journal of Economic Behavior & Organization, 1984, 5 (3): 287 –320.

[179] Wonglimpiyarat, J. The role of equity financing to support entrepreneurship in Asia—the experience of Singapore and Thailand [J]. Technovation, 2013, 33 (4 –5): 163 –171.

[180] Wu, C. Y., Mathews, J. A. Knowledge flows in the solar photovoltaic industry: Insights from patenting by Taiwan, Korea, and China [J]. Research Policy, 2012, 41 (3): 524 –540.

[181] Xiao, Y., Tylecote, A., Liu, J. Why not greater catch-up by Chinese firms? The impact of IPR corporate governance and technology intensity on late-comer strategies [J]. Research Policy, 2013, 42 (3): 749 –764.

[182] Xie, W., Wu, G. S. Differences between learning processes in small tigers and large dragons-Learning processes of two color TV (CTV) firms within China [J]. Research Policy, 2003, 32 (8): 1463 –1479.

[183] Yayavaram, S., Ahuja, G. Decomposability in knowledge structures and its impact on the usefulness of inventions and knowledge-base malleability [J]. Administrative Science Quarterly, 2008, 53 (2): 333 –362.

[184] Yi, K., Lee, K. The source of capital goods innovation: The role of user firms in Japan and Korea [M]. Routledge: Harwood Academic Publishers, 1998.

[185] Yin, R. K. Case study research: Design and methods [M]. Thousand Oaks: SAGE Publications, 2008.

[186] Zhang, Y., Li, H., Li, Y., Zhou, L. A. FDI spillovers in an emerging market: The role of foreign firms' country origin diversity and domestic firms' absorptive capacity [J]. Strategic Management Journal, 2010, 31 (9): 969 –989.